합리적 사고를 방해하는
64가지 오류

합리적 사고를 방해하는 64가지 오류

알베르트 뫼스메르 · 이원석 옮김

북캠퍼스

"아무도 안 보이는 걸요?"

앨리스가 말했다.

"나도 그런 눈이 있으면 좋으련만."

왕이 불만스러운 목소리로 말했다.

(…)

"혹시 길에서 만난 사람이 있느냐?"

왕이 건초를 더 받으려고 손을 내밀며 심부름꾼에게 물었다.

"아무도 안 만났습니다."

심부름꾼이 말했다.

"바로 그거야. 이 아가씨도 그를 봤다는군.

그렇다면 아무도 안은 너보다 더 느리게 걷는 게지."

－루이스 캐럴[1]

심리학자이자 교육학자인 실비아 스크라이브너^{Sylvia Scribner}
는 연구 차 라이베리아에 체류하는 동안 크펠레족 한 농부
에게 "모든 크펠레족 남자는 농부인데 스미스 씨는 농부가
아닙니다. 그러면 스미스 씨는 크펠레족 남자일까요?"라고
묻는다. 읽지도 쓰지도 못하는 농부는 이렇게 말했다. "저는
그 남자를 모릅니다. 직접 본 적이 없습니다."[2] 산업화 세계
에 사는 사람들은 이 질문에 스미스 씨를 알지 못해도 정확
하게 대답할 수 있다. 크펠레족 출신이라도 학교 교육을 받
은 사람은 대체로 이런 단순한 질문과 답변에서 논리적 결
론을 끌어낼 수 있을 것이다.

　논리적 추론은 타고나는 것이 아니라 학습하는 것이다.
하지만 이전 시대와 비교할 때 산업화 세계의 학교에서 보
낸 오랜 세월과 전례 없는 교육 기회에도 불구하고 대중 매
체, 정치, 인터넷 등은 비합리적 추론으로 가득 차 있다. 이
런 잘못된 추론 중 가장 일반적인 64가지를 이 책에서 다루
려 한다.

논의 형식

그리스 철학은 일찍부터 논리적 사고를 다루기 시작했지만 아리스토텔레스를 논리학, 즉 모순과 오류에서 해방된 사고에 관한 학문의 창시자로 간주한다. 아리스토텔레스로 소급되는 논의 형식인 삼단논법은 두 전제와 하나의 결론(귀결)으로 이루어진다. 삼단논법에서 논증은 '모든'(모두), '아무도', '몇몇'(일부)과 같은 양화사量化詞와 함께 행해진다. 예를 들어 첫 번째 전제가 "모든 그리스인은 사람이다"이고, 두 번째 전제가 "아리스토텔레스는 그리스인이다"이면 이로부터 "아리스토텔레스는 인간이다"라는 결론을 내릴 수 있다. 처음에 언급한 실비아 스크라이브너의 일화도 동일한 논의 형식을 갖는다.

전제 1: 모든 크펠레족 남자는 농부다.
전제 2: 스미스 씨는 농부가 아니다.
따라서 올바른 결론은 "스미스 씨는 크펠레족 남자가 아니다"일 것이다.

메가라의 필론은 '만약 ~라면'의 추론을 제시했다. 이런 조건적 혹은 제약적 추론은 첫 번째 전제가 조건을 포함하는 전제와 함께 기능한다. 예를 들어 다음과 같은 첫 번째 전제가 있다고 하자. "기온이 0도 이하로 떨어지면 물이 언다."

이 진술만으로는 할 수 있는 게 별로 없다. 그래서 결론을 위해 다음과 같은 두 번째 전제가 필요하다. "지금 기온은 영하 10도다." 논리적으로 올바른 결론은 "물이 얼었다"일 것이다.

합리적 결론에 이르는 또 다른 방법은 두 대상의 관계에 관한 상관적relational 추론이다. 이 관계를 정립하는 표현은 '~보다 큰', '~보다 이른', '~와 동시에' 등이다.

한스는 프리다보다 나이가 많다.
오토는 한스보다 나이가 많다.
그러므로 오토는 프리다보다 나이가 많다.

전제에서 결론으로

결론에 도달하기 위해 우선 결론을 유도할 수 있는 주장들을 정립해야 한다. 그 주장은 '전제들' 혹은 '앞선 명제들'로 지칭된다. 형식 논리에서 논증은 보통 하나 또는 두 개의 전제를 갖는다. 물론 더 많은 전제를 가진 논의도 있을 수 있다. 그리스 논리학과 동시에 발전된 인도 논리학에서는 더 많은 전제가 일반적이었다.

첫 번째 전제, 즉 중심 전제에서는 보통 "개는 포유류다" 혹은 "신발이 닳으면 새 신을 산다"와 같은 일반 명제가 나온다. 중심 전제에 이어서 "벨로는 개다" 혹은 "내 신은 닳았다"와 같은 특별한 경우를 다루는 부수적 전제가 나온다. 이제 양 전제로부터 각기 "벨로는 포유류다"와 "나는 새 신발을 산다"가 추론될 수 있다.

결론은 논리적으로는 정확하지만 틀릴 수 있다. 전제 중 하나가 거짓인 경우다.

모든 라인 지방 사람은 귀가 뾰족하다.
오스카는 라인 지방 사람이다.
그러므로 오스카는 귀가 뾰족하다.

두 전제를 근거로 하면 오스카는 귀가 뾰족하다는 결론은 논리적으로 타당하다. 결론의 진리치는 그런데도 부정적이다. 즉 틀렸다는 말이다. 그 이유는 사실이 아닌 첫 번째 전제에 있다. 참인 전제는 논리적으로 옳은 추론에서 항상 올바른 결론으로 이어진다. 이러한 논증은 논리적으로 옳거나 증명력이 있다고 말한다.

연역과 귀납

논증 혹은 추론에는 연역과 귀납의 두 가지 유형이 있다. 전제들이 결론을 완전히 뒷받침하거나 지지하는 것처럼 보인다면 이는 연역 논증이다.

한 수가 1과 자신으로만 나누어떨어지면 소수다.

7은 1과 자신으로만 나누어떨어진다.

따라서 7은 소수다.

이 예에서 결론은 매우 개연적일뿐더러 심지어 명백하다. 의심할 여지가 없는 결론이다. 그런데 관찰과 경험의 논리로 지칭되는 귀납 논증은 상황이 다르다. 귀납 논증에서 결론은 신뢰할 만한 것으로 인정받을 만큼 개연성이 충분히 있어야 한다.

지중해 요리는 건강식이다.

나는 지중해 요리를 먹는다.

나는 건강한 식사를 한다는 뜻이다.

이 주장은 매우 설득력 있게 들린다. 결론은 신뢰할 만하지만 반드시 옳은 것은 아니다. 지중해산 포도주를 많이 마시거나 수은에 오염된 생선을 많이 먹으면 지중해 요리임에도 건강한 식사가 아닌 게 된다. 이 경우 연역 논증과 달리 결론이 명백하지 않다.

지구상에 존재하는 조건들은 생명을 위한 전제다.

우리 은하에는 지구와 비슷한 행성이 수백만 개 존재하

며, 우주에는 수십억 개의 은하가 있다.

따라서 다른 행성에도 생명체가 존재할 확률은 거의 100퍼센트다.

공상 과학 소설뿐만 아니라 과학자 대부분은 타당한 주장이라 할지도 모른다. 하지만 결론이 반드시 참일까? 이 추론을 정당화할 정도로 높은 개연성을 갖는 특정 전제들이 과연 생명의 탄생을 보증할까?

연역적으로 위 논증은 논리정연하지 않지만 대부분의 사람은 귀납적으로 결론이 설득력 있음을 알게 된다.

오류 추론

오류 추론 또는 잘못된 추론은 논증에서 거짓 전제나 논리적 실수로 말미암아 일어나는 틀린 추론이다. 이때 형식적 오류 추론과 비형식적 오류 추론으로 나눌 수 있다. 형식적 오류 추론은 실수가 논의 구조에 있을 때 나타난다. 즉 비록 전제가 참일지라도 전제에서 결론을 유추할 수 없다는 뜻이다.

몇몇 남자는 의사다.
몇몇 의사는 키가 크다.
그러므로 몇몇 남자는 키가 크다.[3]

얼핏 보기에 논리적인 주장이라고 생각할 수 있다. 몇몇 남자는 키가 크다는 결론은 사실이지만 이는 전제에서 도출된 게 아니다. '크다'라는 속성을 '여자'로 바꾸면 이 논증의 오류가 분명해진다.

몇몇 남자는 의사다.
몇몇 의사는 여자다.
그러므로 몇몇 남자는 여자다.

남자, 의사, 여자가 각각 무리를 형성한다고 생각해보면 오류 추론의 원인이 분명해진다. 의사 무리는 남자와 여자의 무리와 겹친다. 많은 의사는 남자고 또 많은 의사는 여자기 때문이다. 그래도 우리는 어떤 교집합에서 키가 큰 의사가 얼마나 있는지를 모른다. 경험에 모순이 될지라도 여자 의사들만 키가 클 수도 있다.

비형식적 오류 추론에서 실수는 불분명하거나 다의적이거나 틀릴 수 있는 내용에 있다. 비형식적 오류 추론은 수사학적 수단이나 잘못된 논리에서 생성된다.

확인할 수 없는 비행 물체는 UFO다.
어제 나는 하늘에서 그런 알 수 없는 비행 물체를 보았다.
그러므로 나는 어제 UFO를 본 것이다.

들어가는 말

이 예는 명백한 오류 추론이다. 첫 번째 전제에 모순이 있다. 비행 물체가 무엇인지 알지 못한다고 해서 UFO라고 단정할 수 없다. 그런데도 무지에 호소하는 이런 식의 주장은 이따금 논쟁에도 사용된다. 간략하게 말하면 "나는 A가 무엇인지 모른다. 그러므로 그것은 Y임이 틀림없다"이다.

잘못된 추론의 분류

아리스토텔레스는 논리적 오류 추론을 체계적으로 다룬 최초의 철학자다. '오르가논organon'[4]의 하나인 《소피스트적 논박에 대하여》에서 아리스토텔레스는 주로 수사학적 수단인 '궤변적(소피스트적) 논박'을 다룬다. "이는 겉보기에 정당한 논박처럼 보이지만 사실 오류인 궤변적 논박이다."[5]

아리스토텔레스는 표현 방식과 관련 있는 오류를 다음 6가지로 꼽았다.

－애매어의(동음이의어)의 오류
－모호함의 오류
－결합 오류
－분할 오류
－강조 혹은 억양 오류
－표현 형식의 오류[6]

또한 아리스토텔레스는 표현 방식에서 기인하지 않는 7가지 오류를 나열했다.

- 부수적인 것(우연)의 오류
- 문장 자체가 참인 것과 맥락상 참인 것을 구별하지 못한 오류
- 논점 일탈에 근거한 오류
- 선결 문제 요구의 오류
- 순환에 의한 오류
- 원인이 아닌 것을 원인으로 삼은 오해의 오류
- 복합 질문의 오류[7]

아리스토텔레스 이후 철학자들과 사상가들은 오류 추론의 목록을 만들고 범주화했다. 오늘날 우리는 이중적 의미, 부적절성, 확률, 인과관계, 감정, 윤리, 언어 등의 오류에 관해 자주 언급한다. 하지만 고정된 범주 없이 무분별하게 언급하고 있다.

아리스토텔레스에서 인터넷으로

이 책에서 다루고 있는 오류 추론은 대부분 비형식적 오류 추론이다. 잘 알려진 몇몇 형식적 오류 추론도 다루었다. 아리스토텔레스가 다룬 오류 중 오늘날에도 중요하게 생각

되는 오류도 다룬다. 하지만 매우 특수한 오류는 생략했다. 경제학에 관심이 있는 사람은 아마 매몰 비용 오류sunk costs fallacy나 노동 총량의 오류lump of labour fallacy에 관해서 들어본 적이 있을 것이다. 물론 목록을 의미 있게 확장할 수 있다. 예를 들어 통계학, 심리학, 역사학 등의 분야에도 특수한 오류들이 많다. 이 책에서 다루는 오류 추론 목록이 결코 다가 아니다.

여러분은 오류 추론 목록들이 대부분 영어권에서 온 것임을 알 수 있을 것이다. 이는 인터넷이 정보의 출처로서 그리고 오류 추론의 출처로서 다른 모든 미디어 매체들을 능가하고 있다는 사실과 관련 있다. 하지만 그릇된 사고의 마르지 않는 샘은 여전히 세계 네트워크 밖에도 존재한다. 즉 낡은 미디어, 개인의 대화와 토론, 동네 술집에서의 이론가의 말, 라디오와 텔레비전 등이 그 마르지 않는 샘이다.

✕

차례

✕

1

인신공격

전제 1: 잘못된 인간은 잘못된 주장을 한다.

전제 2: A는 잘못된 사람이다.

결론: 그러므로 A의 주장은 잘못되었다.

대인 논증argumentum ad hominem의 하나인 인신공격 혹은 인신공격성 오류는 상대의 인격을 고의로 손상하는 논증이다. 상대의 인격에 손상을 입혀 상대의 주장을 유효하지 않거나 적어도 더는 검토할 가치가 없다고 단언한다. 주장하는 사람 자체를 거부하는 것이다. 인신공격에서 비롯된 오류는 잘못된 인간은 오로지 잘못된 주장만 한다는 첫 번째 전제에 있다.

그 반대의 대인 논증도 생각해볼 수 있다. 바른 인간은 바른 주장만 한다는 전제로 시작한다. A가 바른 사람이라면 그 사람의 주장은 틀림없이 바른 것이다. 물론 대인 논증이라는 오류 추론에서 이와 같은 긍정적 형식은 매우 드물다.

논쟁할 때, 특히 논쟁이 격해질 때 빈번하게 하는 행동 중 하나가 상대를 향한 언어적 공격이다. 상대방을 거짓말쟁이, 부도덕자, 팔랑귀, 원리주의자, 광신도 등으로 몰아 인격을 의심하게 한다. 게다가 상대방의 추론 능력을 '순진하다', '편협하다', '무시한다', '현혹한다' 등의 말로 깎아내린다. 누군가가 머리가 나쁘다거나 세뇌를 당했다는 가정은 자신의 잘못된 견해에 대한 죄책감에서 벗어나게 해준다. 그리고 동시에 그 대상이 올바른 주장을 이해할 수 없어 남의 뜻대로 움직이는 꼭두각시와 같다는 것을 보여준다.

미묘한 공격

나와 생각이 다른 사람에게 하는 인신공격이 항상 직접적이거나 공격적인 것은 아니다. 아주 미묘한 방식으로 이루어지기도 한다. 다른 입장을 반박하는 책이나 논문에서 반대자를 소개하는 다음과 같은 글을 볼 수 있는데, 반대자의 성격 혹은 성장 과정에 비추어 결함을 추측해내곤 한다.

신약을 강의하는 교수로 활동하는 B는 성서를 역사적 관점에서 비판하는 책들을 썼는데 젊었을 때는 개신교 원리주의자였다. 하지만 한때 자유주의적 기독교인으로 변신했다가 최근에는 불가지론자로 등장했다. B는 과거 동료 종교인들 사이에서 적지 않은 적을 만들었다. 그들에게 B는 한때 같이 나누었던 은혜를 거부한 배교자다. 그러므로 우리는 그들의 시각에서 회의적으로 B의 주장을 살펴봐야 한다.

저널리스트 C는 트로츠키주의자였으나 사회민주주의자로 전향했다. 항상 표현의 자유를 옹호하는 C는 '루시디 ^{Rushidie} 사건'으로 좌파의 비열함에 분노했고 2001년 9·11 테러 이후에는 당시 동지들의 태도에 혐오감을 느꼈다. 이는 과거 정치적 적과 가까운 입장을 취하게 했다. 좌파에게 C는 배신자이자 적대 계층의 대변인이며 기회주의자이자 신보수주의자였다. 따라서 사람들은 C의 책을 읽으면 안 된다. 이제 C의 이력에서 결정적 사건은 자신의 논의를 부당하게 만들어버린 정치적 태도 변화다.

한 발 더 나간 미묘한 인신공격은 상대의 신뢰성을 훼손하기 위해 개인적 환경과 출신을 지적하는 것이다.

마거릿 대처 총리가 과연 영국을 구했는지에 관한 토론에서 노동당 다이앤 애보트 의원은 상대편 토론 참여자를 반복해서 '작위'로 호칭했다. 이는 상대방을 사실이든 추정이든 '특권층'으로 지정한다. 그렇게 함으로써 평범한 집안 출신인 자신들과 다르게 '특권층'은 그들의 특권을 위해 대처 총리를 옹호한다고 은연중에 드러내는 것이다.[8]

인신공격은 상대방을 조롱거리로 만들기도 하는데, 청중이 그를 얕보게 하려는 시도다. 토론에서 재치 있는 말로 청중을 웃겨 자기편으로 만드는 사람은 허술한 주장을 할지언정 더 믿음을 준다.

우물에 독 타기

우물에 독 타기는 인신공격의 특수한 혹은 선제적 형식으로 볼 수 있다. 수사학적 수단으로 토론 상대나 그의 논의를 미리 불신케 한다.

낙태 반대자들은 임신 중절을 대학살이라 하고 임신 중절 권리를 옹호하는 사람을 나치라 부른다. 반대편에서는 낙태 반대자들이 여성과 전쟁을 벌이려 한다고 비난한다.

'인종주의자', '파시스트', '나치'는 논쟁할 때 상대방을 그렇게 생각하게 만드는 표현이다. 논쟁을 시작할 때 청중에게 선입견을 갖게 하여 이 의혹에 비추어 상대방의 주장을 되새겨보게 한다.

판세 전환

판세 전환은 합리적으로 견지할 수 없는 자신의 입장에서 방향을 돌리려는 전략으로 자신의 입장에 반대하는 상대방을 희화한다. 예를 들어 교회 옹호자와 저널리스트들은 정교분리를 지지하는 사람을 '세속화된 탈레반', '원리주의적 무신론자', '종파주의자'로 지칭한다. 이로써 세속주의자를 탈레반과 원리주의자와 연결하고 극단주의자와 같게 한다. 이 전략은 '우리는 그들과 다르다'나 '심지어 그들은 우리보다 더 나쁘고 급진적이고 비합리적이다'를 암시하고 싶은 것이다.

2
우연

전제 1: 많은 A는 Y의 속성을 지닌다.

전제 2: B는 A다.

결론: 그러므로 B는 Y의 속성을 지닌다.

아리스토텔레스는 우연의 오류를 표현 방식에서 기인하지
않는 7가지 오류 중 하나로 들었다. 이 오류 추론은 시간이
지남에 따라 다르게 해석되었지만, 대게 부수적인 것 또는
비본질적인 것을 본질적인 것으로 둔갑시키는 추론을 뜻한
다. 우연의 오류는 결합 오류와 성급한 일반화의 오류와 유
사하다. 이는 다음의 규칙으로 분명해진다. "모든 새는 날 수
있다." 하지만 날지 못하는 새도 있다. 펭귄과 닭은 날지 못
한다. 반대로 박쥐는 새가 아닌데도 날 수 있으므로 모든 날
아다니는 동물은 새가 아니다. 잘못된 추론은 날아다니는

것을 새의 본질로 보는 주장에 있을지도 모르겠다.

도살 규정은 도살장에서 동물 복지를 보장하게 한다. 그러므로 오늘날 도살은 보통 인도적으로 행해진다고 유추할 수 있다.

인도적 도살에서 중요한 요소는 동물이 고통을 못 느끼게 하는 것이므로 도살 규정은 부수적이라 할 수 있다. 하지만 낯선 환경과 운송, 취급 방식 등과 같은 다양한 요소들이 동물을 더 고통스럽게 한다. 게다가 하청업체가 도살 규정을 지키지 않을 수 있다.

모든 것에는 필수적 속성들이 존재한다. 삼각형은 세 선분을 가진다. 이는 모든 삼각형에 예외 없이 적용된다. 모든 새는 날개가 있다는 말도 사실이다.

예외가 규칙을 증명한다

우연의 오류 추론은 규칙은 모든 경우에 타당해야만 하고 어떤 예외도 있어서는 안 된다고 가정한다. 예를 들어 살인은 금지되어야만 한다고 일반적으로 받아들여진다. 그런데도 예외가 있다. 많은 나라에서 특정 법을 위반하면 사형을 집행한다. 사형 제도를 폐지한 나라에서조차도 일부 특수한 상황에서는 경찰이 사람을 죽일 수 있다. 범행 현장에서 인질 보호와 정당방위 등이 여기에 속한다. 집행 기관이 살인 금지법을 항상 지키는 것은 아니므로 국가가 이 법을 무시한다고 주장한다면 오류다. 일반 진술은 법, 명령, 아포리즘, 상투어 혹은 경험을 일반화하는 형식을 띨 수 있다. "예외가 규칙을 증명한다"라는 격언은 일반 규칙이 항상 모든 상황에 적용될 수 없다는 뜻이다.

모호함

전제: 진술 A는 X 혹은 Y를 의미할 수 있다.

결론: 그러므로 진술 A는 X의 의미다.

단어뿐 아니라 진술 전체도 모호할 수 있다. 위의 추상적 진술에서 결론은 참일 수도 있고 거짓일 수도 있다. 두 번째 전제가 빠졌기 때문에 '진술 A'의 의미가 무엇인지를 명확하게 확정할 수 없다.

수사학에서는 의도적으로 또는 비의도적으로 모호한 표현을 쓴다. 아리스토텔레스는 소피스트의 주장을 반박할 때 그들이 사용하는 모호한 표현을 문제 삼았다. 모호한 표현 자체는 오류가 될 수 없지만 오류 추론으로 이어질 수 있다. 가장 유명한 예가 크로이소스가 받은 신탁이다. 기원전 6세기경 고대 리디아 왕국의 왕 크로이소스는 전통에 따라 델

포이의 신탁에 페르시아와의 전쟁에서 승리할 수 있는지를 물었다. 크로이소스는 "만약 할리스(국경에 있는 강)를 넘게 되면 거대한 제국 하나가 무너질 것이다"라는 답을 들었다. 크로이소스는 무너질 제국을 페르시아로 해석했지만 실제로 무너진 것은 자신의 제국이었다.

모호한 표현은 광고에서 자주 볼 수 있다. "자연스럽게 아름다움을 유지한다"라는 문구를 보자. 여기서는 '자연스럽다'는 용어가 서술적 표현인지 한정적 표현인지에 따라 해석이 달라진다. 만약 '자연스럽게'가 서술적 용어라면 '자연 그대로 아름다움을 유지한다'는 뜻이다. 반면 '자연스럽게'가 '아름다움'을 한정하는 용어라면 '자연스러운 방식으로 아름다움을 유지한다' 또는 '명백한 아름다움이 남는다'는 뜻이다.

다른 예로 "Flaschen müssen immer voll sein"(병Flasch은 항상 가득voll 채워져 있어야 한다)이라는 문장을 보자. 이 문장에서 'Flash'는 '유리병'을 뜻하는 동시에 '실패자'나 '폐인'을 뜻하기도 한다. 또 'voll'은 '가득차다'를 의미하는 동시에 '잔뜩 술에 취한 상태'를 의미하기도 한다. 그러므로 이 문장은 '폐인은 항상 잔뜩 술에 취해 있어야 한다'로도 해석할 수 있다.

4
애매어

전제: 표현 A는 B, C, D의 연관에 의존하여 X, Y, Z의 의미가 있다.

결론: 그러므로 표현 A는 X의 의미가 있다.

애매어는 같은 음을 가졌으나 다른 의미를 가진 동음이의어나 하나의 단어가 두 가지 이상의 뜻을 가진 다의어를 말한다. 아리스토텔레스는 표현의 한 형식으로 여기기도 했다. 논리적 추론에서 동음이의어를 잘못된 관계에서 이해하면 오류를 범하게 된다. 위의 추상적 진술에서 결론은 참이거나 거짓일 수 있다. 연관을 모르기 때문이다.

소시지 샌드위치는 없는 것(無, nichts) 보다 좋다.

그 어떤 것도(Nichts) 영원한 행복보다 좋은 것은 없다.

그러므로 소시지 샌드위치는 영원한 행복보다 좋다.[9]

소시지 샌드위치에 감격해 위의 두 전제 문장을 옳다 할지라도 결론, 즉 소시지 샌드위치가 영원한 행복보다 좋다는 데는 동의하지 않을 것이다. 참인 전제에서 잘못된 결론이 이끌어진다는 게 가능할까? 가능하다. 그 이유는 'nichts'라는 단어의 다의성 때문이다. 처음 전제는 먹을 게 없는 것보다 소시지 샌드위치라도 있는 게 더 낫다는 말이다. 두 번째 전제는 영원한 행복보다 더 좋은 것은 아무것도 없다는 말이다. 'nichts'라는 단어가 두 전제에서 각각 다른 의미로 쓰였으므로 잘못된 결론에 이르는 것이다.

인간과 유인원은 조상이 같다.
킹콩은 유인원이다.
그러므로 인간과 킹콩의 조상은 같다.

첫 번째 전제는 '유인원'이라는 표현이 실제 생명체라면 참이다. 킹콩은 유인원이지만 영화 속 유인원이다. 즉 가상의 생명체다.

라틴어 강의를 옹호하는 사람은 "라틴어는 논리적 언어다. 그러므로 라틴어를 배운 사람은 수학을 더 쉽게 배울 수 있다"라고 한다. 이 진술은 '라틴어에는 논리가 있다'와 '수학에는 논리가 있다'라는 전제를 포함한다. 이 전제들에서 라틴어 수업에서 논리를 습득하므로 논리를 가진 수학을 쉽게 배울 수 있다고 추론한다.

이 추론의 문제는 언어적 논리와 수학적 논리가 같지 않다는 데 있다. '라틴어는 논리적'이라는 표현은 통상 라틴어가 확고한 문법 규칙을 따르고 이 규칙에서 벗어난 예외가 거의 없음을 의미한다. 하지만 수학적 논리는 집합과 증명 등 다양하다. 결코 라틴어 학습이 수학적 논리를 갖추는 데 바탕이 될 수 없다.

다의어는 의도적으로 혹은 비의도적으로 사용될 수 있다. 특히 표현 방식을 분명하게 하지 않으려는 논쟁에서 의도적으로 사용되곤 한다. 다의어 'Sekte'는 처음에는 이단을 가리켰다. 오늘날에는 가치 중립적으로 종파를 의미한다. 종교학에서 비기독교 교파를 지시하기 위해서 사용한다. 예컨대 우리는 하시드파, 시아파, 알라위트파, 자이드파라고 말한다. 이 단어는 대중 매체에서 벌어진 신흥 종교 운동과 기독교 특수 공동체와의 논쟁에서 다른 의미를 얻기도 한다. 기독교 특수 공동체는 거대 교회와는 본질적으로 다른 공동체의 신앙 고백과 관련하여 최근 상대적으로 작은 종파를 문제시한다. 이런 '종파'에 어떤 특징이 부여되는데, 예를 들어 권위적 지도 원리, 파면, 회원 착취 등이다. 종교 공동체는 다른 집단을 도그마를 근거로 '이단'으로 지칭해 더 큰 혼란을 일으키고 있지만, 적어도 독일어권에서는 도그마적으로 거대 교회에 가까이 있는 더 작은 공동체가 '자유 교회'라는 단어로 의미가 유지된다. 드물지만 TV 방송과 신문 기사에서 그 개념을 정의 내리기도 한다. 해당 단어를 사용해 별로 달갑지 않은 집단에 비난을 직접 표출하지 않으면서도 부정적 성격을 부여할 수 있다.

'믿다'라는 단어도 다의적이다. 종종 신자들이 "우리는 모두 무언가를 믿는다"라는 말을 한다. "나는 신을 믿고 당신은 과학을 믿는다." 종교적 믿음은 히브리 11장 1절에서와 같이 "우리가 바라는 것들의 보증이며 보이지 않는 실체의 확증"이다. 하지만 경험을 바탕으로 한 신뢰도 믿음이라고 한다. "나는 너를 믿는다. 너는 그것을 할 것이다." 그 외에 믿음은 지식을 토대로 한다. 과학을 지향하는 사람이 진화론을 믿는다고 말할 때 이는 대체로 바람을 신뢰하는 것이 아니라 과학적 인식을 토대로 진화론을 수용한다는 뜻이다. '믿음'은 마치 우리가 모두 같은 게임을 하는 것처럼 보이게 해도 그 의미는 다양하다.

단어의 의미는 그 단어가 쓰인 맥락과 표현에 의존할 수밖에 없다. "당신은 산타클로스야!"는 모욕일 수 있다. 비록 산타클로스가 긍정적 인물이라도 그렇다. 만일 누군가에게 "너는 나에게 천재야!"라고 말한다면 목소리 톤에 따라 천재의 반대임을 알아챌 수도 있다. 바이에른주에서 누군가를 '개'라고 한다면 이는 그 사람을 인정한다는 의미로 받아들여질 수 있다. 반면 다른 지역에서 갯과 동물로 불리면 대부분 심한 욕이다. 애칭으로 사용하는 단어들은 일상적 의미와 다르다. 우리는 누군가를 "귀여운 쥐"라고 부르면서 그 대상이 실제로 귀여운 설치류로 보인다고 생각하길 바라지 않을 것이다.

5
정황적 대인 논증

전제 1: 특정 이익에 다가서는 주장은 불신받을 수 있다.

전제 2: A는 B의 이득을 지지한다.

결론: 그러므로 A의 주장은 타당하지 않다.

정황적 대인 논증은 '동기 의존 논증'이나 '이해 갈등의 논증', '개인적 상황 논증'이라고도 한다. 이 논증에 따르면 상대방은 자신의 견해를 개인적 상황을 근거로 하고 있으므로 객관적 사실에는 관심 없다고 여겨지게 된다. 누군가에게 특정 입장을 수용하게 할 수 있는 개인적 상황에는 종교적 혹은 종족적 일체감, 감정, 선입견, 당파성 등이 있다. 하지만 어떤 주장은 제시된 의도를 근거로 그 주장의 타당성을 설명할 수 없다.

한 토론에서 윈도 사용자와 맥 사용자 간에 어떤 운영 체제가 더 나은지를 이야기하는데 각자 사용 중인 운영 체제의 장점만을 열거한다. 결국 윈도 사용자는 "당신은 빌 게이츠의 성공을 인정하지 않기 때문에 윈도 사용을 반대하는 겁니다!"라고 말한다. 그러자 맥 사용자도 "당신은 대중에 편승해 프로그램 질은 생각지 않기 때문에 애플 사용을 반대하는 겁니다!"라고 반박한다.

토론 끝에 나온 위와 같은 주장들은 옳을 수도 그를 수도 있다. 하지만 이는 어떤 운영 체제가 더 안정적인지, 빠른지, 합리적 가격인지, 정확한지 등과 관련한 실제적 논의의 타당성에 아무런 영향을 미치지 않는다.

누구보다 정치인은 개인의 확신이 아니라 당의 선거 운동 지침에 따라 주장해야만 하는 상황을 맞닥뜨리곤 한다. 그래도 정치인의 주장을 단지 당의 노선을 대변하는 것으로 치부해 이를 타당하지 않다고 단언할 수 없다.

하지만 주장에 진실 추구 외에 다른 동기가 있다고 여겨질 때는 의혹을 제기해야 한다. 이는 특히 이익집단이나 이해관계자가 자신의 입장을 강화하고자 연구하게 하거나 경제 단체가 특정 상품의 유해성을 입증하는 과학적 연구 결과를 발표할 때 적용된다.

6
연상

전제: 주장 A는 X를 떠올리게 한다.

결론: 그러므로 A는 X와 같다.

연상에서 유도되는 주장은 인신공격의 형식을 취할 수 있다. 무신론자들은 스탈린, 마오, 폴 포트도 무신론자였다는 말을 자주 듣는다. 그 뒤에 숨은 의도는 무엇보다도 무신론을 인류 역사상 가장 끔찍했던 대학살자들과 연결 지으려는 것이다. 스탈린, 마오, 폴 포트가 그런 끔찍한 일을 자행했다면 다른 무신론자도 그들과 비슷할 수 있지 않은가? 공산주의 독재자는 무신론에 근거해 범죄를 저지른 게 아니다. 개인의 가치를 하찮게 여긴 이데올로기가 문제였다.

　노스캐롤라이나 대학 교수이자 신약 성서학자인 바트 어만은 원리주의자들에게 수많은 공격을 받았지만, 신화적 기독교 이론의 추종자는 대학살 부정론자, 음모론자, 인터넷 중독자와 같다고 한 그의 논문은 아무런 문제도 없었다.[10]

선거 운동 중 정치인들은 유명인이나 젊은 사람, 노인, 가족과 함께 사진을 찍는데 이는 유대 관계를 입증하기 위해서다. 유능하다는 인상을 심어주려고 학자들이나 다른 나라 지도자들과 악수하는 모습을 보여주거나 책상에서 일하며 집중하는 모습을 보여준다.

광고에서 연상은 중요하다. 광고 모델은 제품이나 브랜드의 '얼굴'이 되어 돈을 번다. 물론 고객들은 광고 제품을 사용하면 자신이 모델처럼 아름다워진다고까지 생각하지 않는다. 그저 광고 모델들은 제품을 연상하게 하는 매개일 뿐이다. 그러므로 광고 모델의 부정적 이미지가 제품에 영향을 미쳐서도 안 된다. 한 이탈리아계 모델은 리비아 독재자 카다피 일가를 옹호하는 발언을 해 다국적 통신업체로부터 광고 모델 계약 해지 통보를 받아야 했다.

특정 상황에서 복장 역시 그에 어울리는 연상 작용을 한다. 은행에서 옷차림을 중요시하는 것도 이 때문이다. 독일 공용방송수수료징수센터 직원은 하얀 와이셔츠에 넥타이를 착용하고 가정을 방문한다. 이런 옷차림으로 '나는 성실한 사람이다'를 보여주고 싶은 것이다. 거꾸로 '나는 반문화주의자이고 은둔형 외톨이에 아웃사이더다'도 옷차림으로 말할 수 있다.

토론에서 상대방이 주장할 때 조명을 낮추는 방법도 있다. 이는 부정적 이미지를 전달하는데 이런 반응을 얻을 수 있다. "중세시대 같다! 미신적 생각이 떠오른다! 사람이 과격해 보여 마치 나치 괴벨스가 말하는 것처럼 들린다."

마지막으로 특정 단어를 사용해 선입견을 불러일으킬 수 있다. 유럽연합EU을 반대하는 사람들은 EU 관료를 '유로크라트Eurocrat'라 부른다. 이는 곧바로 EU가 특히 관료적이라는 기존의 생각과 연결되어버린다. '슈퍼스테이트Superstate'(초대국)란 표현도 같은 목적으로 사용된다. 이로써 EU는 중앙집권적 거대 국가임이 연상되기 때문이다.

히틀러로의 환원: 나치 카드 쓰기

히틀러는 두말할 나위 없이 세계사의 수치다. 무엇보다 서구 세계에서 즐겨 사용하는 토론 전략이 상대의 논의를 히틀러나 나치와 연결하는 것이다. 동물의 권리를 반대하는 사람들은 나치도 위대한 동물 보호 활동가였다고 말한다. 나치 독일에서는 이전 없었던 각종 동물 보호법이 생겨났다. 심지어 히틀러가 채식을 할 정도였다. 동물의 권리를 반대하는 사람들은 나치의 동물 보호를 지적하면서 상대방, 즉 동물의 권리를 옹호하는 사람들을 잠재적인 인류의 적으로 만든다. 대학살자가 동물에 보인 우호적 태도의 동기가 무엇이었든 간에 나치는 공감을 토대로 한 동물 보호자와 전혀 관련이 없다. 단지 나치가 어떤 식으로든 동물 보호를 위해 노력했다고 해서 동물 보호 자체를 잘못된 것이라 할 수 없다.

7
공정한 세상

전제 1: 세상은 원래 공정하다.

전제 2: A에게 불행이 닥쳤다.

결론: A는 그 불행에 책임이 있거나 이를 보상받는 공정함을 경험할 것이다.

공정한 세상 가설 혹은 세상이 공정하리라는 믿음으로도 불리는 '공정한 세상 오류'는 잘 알려진 심리학적 현상이다. 이는 우리가 사는 세상이 공정하다는 것을 전제한다. 누군가 불행한 일을 당했다면 이 가설은 두 가지 이유를 제시한다. 불행을 당한 사람이 불행을 자초했거나 결국 불행에 대한 보상을 받으리라는 것이다.

　범죄 피해자에게 죄과를 돌리거나 공범이라고 하는 일이 흔하다. 성폭력 피해자를 향한 시선이 가장 대표적 사례다. 피해자가 '도발적' 옷차림 등으로 피의자를 자극해 자제력을 잃게 했다고 생각한다. 가난한 사람은 너무 게으르거나 학습 의지가 없다고 억지 비난을 받고는 한다. 무언가를 달성하려고 마음먹은 사람만이 그 무엇을 달성할 수가 있기 때문이라는 것이다. 대학살과 같은 끔찍한 만행은 어떻게 설명할 수 있을까? 나치가 그런 만행을 저지르게끔 분명 유대인이 자극했다 할 것이다. 왜 테러리스트는 미국을 노렸을까? 미국의 정치가 그 이유가 될 것이다. 왜 그 과학자는 좌파 테러리스트의 총에 맞았을까? 과학자가 군수 업체를 위해 일했기 때문이다.

불행과 공정한 세상을 일치시키려는 노력은 안 좋은 일에서 긍정의 요소를 찾으려는 데서도 보인다.

"호사다마라고 아마 좋은 일이 있으려는 모양이다."
"암에 걸린 이후 나는 삶을 더 즐기게 되었다."
"병으로 삶에 그늘이 있음을 알게 된다."
"재해로 새 출발의 기회를 얻었다."
"모든 일이 일어나는 데는 목적이 있다."(2013년 미스 USA 선발대회 중 미스 유타가 결선 인터뷰에서 한 발언이 사회적으로 문제가 되자 한 말이다.)

물론 희생자 혹은 피해자가 불행에 원인을 제공했을 수도

있고 안 좋은 일을 통해 좋은 일이 생길 수도 있지만 대게 그
렇지 않은 경우가 더 많다.

출처와 근원

전제 1: 논증의 가치는 출처에 따라 달라진다.

전제 2: 논증 X는 A에 따른 것이다.

결론: 그러므로 X는 좋은 혹은 나쁜(참된 혹은 거짓된) **논증이다.**

이 오류 추론은 인신공격, 연상 오류, 권위에 호소하기 등과
유사하다. 하지만 위의 추론에서 '연상'은 작동하지 않는다.
대신 사태의 가치나 진리의 전사前史나 원작자가 중요하다.
그래서 '발생학적 오류the genetic fallacy'라 불리기도 한다. 논쟁
에서 사태의 출처나 생성 문제를 제기하기 때문이다.

리하르트 바그너는 반유대주의자였다.
따라서 바그너의 음악은 소름이 끼친다.

헤밍웨이는 투우를 좋아했다.

나는 그런 나쁜 성격에서 나온 문학을 좋아하지 않는다.

특정 음악 혹은 문학에 대한 호불호는 주관적 느낌에 달려 있다. 하지만 창작자의 성격에 영향받는 것은 문제가 있다. 작곡가나 연주가, 작가를 뒷조사하는 데는 상당한 노력이 들 것이다 물론 어떤 이유에서든 창작자를 지지하지 않을 수 있고 그래서 작품이나 창작물을 구매하지 않는 것은 정당한 일일 것이다.

많은 사람이 옳고 그름을 판단하는 데 출처는 결정적일 수 있다. 정당화되지 않은 비합리적 믿음이 이른바 공영 라디오 방송에서 언급되기도 한다. 인쇄된 활자는 다른 매체에서 나온 정보보다 더 많은 신뢰를 얻는다. 옛 동독 사회주의통일당의 당가에 쓰인 "당은 항상 옳습니다"라는 가사가 그 예다. 어떤 사람들은 냉소적으로 받아들였을지 모르겠지만 확신에 찬 마르크스 레닌주의자들은 당에서 하는 모든 일을 옳고 좋다고 믿었다. 이와 비슷한 현상을 대중문화에서도 볼 수 있다. 많은 팬은 자신의 우상이 하는 모든 일이 항상 선하고 아름답고 진실하다고 믿는다.

고차원의 인식

전제 1: 더 고차원의 인식이 존재할 수 있다.

전제 2: 더 고차원의 인식이 나에게 A가 옳다고 말한다.

결론: 그러므로 A는 옳다.

종교 혹은 영혼을 주제로 하는 토론은 합리적 주장을 교환하며 시작되지만 초자연적 세계관을 주장하며 더 고차원의 인식에 근거를 둔다는 말로 끝나는 일이 종종 있다. 때로는 처음부터 이성으로 모든 것을 설명할 수 없다고 주장한다. 믿음 혹은 영적 깨달음과 같은 인식의 다른 길이 있다고 한다.

어떻게 이런 '고차원의 인식'에 도달하는가? 몇몇 기독교인은 무엇보다도 복음의 영역에서 예수 혹은 신과 개별적 관계를 갖는다고 주장한다. 성서학자와의 토론에서 "당신은 이를 이해할 수 없습니다. 은총을 받지 못했기 때문이죠"라고 한다. 수많은 사람이 성령의 활동을 느낀다고 믿는다. 일부 공동체에서는 '가슴이 타는 느낌'을 신앙 혹은 올바른 판단의 증거로 여긴다.

다른 종교에도 이른바 '고차원 인식'에 도달하는 방법이 분명 존재한다. 이런 인식은 이를 경험한 사람들에게는 현실적인 문제일 수 있다. 하지만 개인적 경험일 뿐이다. 다른 사람들이 재구성도 검증도 할 수 없다. 그러므로 이 경험은 토론에서 불필요한 근거다.

조롱

전제 1: 우스운 주장은 고려할 가치가 없다.

전제 2: 주장 A는 우습다.

결론: 그러므로 주장 A는 고려할 필요가 없다.

TV 범죄 수사 드라마에서 경찰이 용의자에게 이런 말을 한다. "도대체 어떻게 그렇게 생각하지? 너무 웃기는 일이야!" 토론에서도 상대방의 주장을 가볍게 여기거나 기이한 것으로 치부해버리는 전략이 있다. 창조론자들은 진화론을 불합리하거나 우습게 보이도록 왜곡해 설명한다.

1860년 성공회 주교 새뮤얼 윌버포스^{Samuel Wilberforce}와 생물학자 토머스 헉슬리 사이에 있었던 다윈의 진화론에 관한 토론이 좋은 예다. '다윈의 불도그'라 불린 헉슬리에게 윌버포스는 "당신 조부모의 조상은 원숭이입니까?"라고 물었다.

헉슬리는 이런 질문을 진지하게 생각하지 않았다. 윌버포스는 진화론을 우스운 것으로 만들려 했고 그렇게 해서 진화론은 진지한 이론이 아님을 보여주려 했다. 조롱의 목적은 상대방의 견해를 청중이 불합리하게 보게 하는 것이다.

정치인이 "웃기는 제안입니다! 웃으라고 한 말이죠!"라는 식으로 대응하곤 하는데, 독자 게시판이나 각종 인터넷 댓글 등에서도 자주 볼 수 있는 말이다. 상대방의 주장을 유치한 것으로 만들어버리는 전략이다. 이 전략을 뒷받침하기 위해 도덕적 분노를 끌어들이거나 다수에 호소하는 방법을 사용할 수 있다.

위의 윌버포스의 질문에 헉슬리는 다음과 같이 답했다. "만약 제게 할아버지로 하찮은 원숭이가 좋은지 아니면 광범위한 수단과 영향력을 지닌 인간이 좋은지 묻는 것이라면, 저는 진지한 학문적 토론을 단지 웃음거리로 만드는 데 자신의 뛰어난 재능을 사용하는 인간보다 차라리 원숭이를 할아버지로 택하겠습니다."[11]

11

개인적 이해관계

전제 1: 나에게 이익을 주는 것은 옳다.

전제 2: X는 나에게 이익을 준다.

결론: 그러므로 X는 옳다.

개인적 상황은 의견 형성에 중요한 역할을 한다. 저소득층이 사회 정의를 요구하는 반면 세금을 많이 내는 사람들은 개인의 책임을 더 중요시하는 경향이 있다. 차별을 직접 경험한 사람은 언론 보도만으로 간접 경험한 사람보다 차별 금지 조치를 옹호할 가능성이 크다.

개인적 이득 혹은 손실이 근거로 제시되곤 한다. "우리는 거기서 이득을 얻습니다! 왜 당신은 그에 반대하나요? 당신 역시 거기서 이득을 취하는데 말이죠." 예를 들어 교육 개혁에 관한 논쟁에서 "어떻게 이 교육 개혁에 찬성할 수 있나요? 이 개혁은 당신의 이익에 반하지 않나요?"라는 근거를 들 수 있다. 높은 세율을 낮추자는 데 반대하며 "부자들이 왜 모든 걸 다 가져야 합니까? 세율을 낮추면 우리에게 돌아오는 게 뭐죠?"라고 주장하기도 한다.

분명 개인적 선호를 말하는 것은 정당하다. 하지만 이것이 타당한 주장인지 여부는 질문이 무엇이냐에 달려 있다. 예를 들어 EU의 장단점에 관한 토론에서 회원국 시민은 EU 내 어디서든 자유롭게 거주가 가능하다는 것이 장점으로 거론될 수 있다. "도대체 EU 내에서 자유롭게 거주할 수 있다는 게 내게 어떤 이익을 주죠?" EU에 반대하는 많은 사람이 이런 반응을 보일 것이다. "나는 다른 나라에서 살고 싶지 않아요." 그러나 이 진술은 자유로운 거주가 사람들에게 이익을 가져다준다는 사실에도 영향을 미치지 않는다.

세금 개혁이 전문 인력 유출을 방지하거나 경제 성장을 촉진하는 것을 목표로 한다면 부자들에 대한 질투의 표현 역시 타당한 주장이 아니다.

12
힘

전제 1: 권력을 가진 자는 옳다.

전제 2: A는 권력자이다.

결론: 그러므로 A는 옳다.

위는 힘의 논증_{argumentum ad baculum}이다. 갑의 처지에 있는 사람은 상황에 따라 자신이 옳거나 그르다고 느낀 것을 권력으로 밀어붙이고 싶은 유혹을 느낀다. 이는 애나 어른이나 마찬가지다. 어린아이들은 왜 무언가를 해야 하거나 하지 말아야 하는지 정당하게 묻는다. 우리는 이미 부모님에게서 확실히 답을 들은 바 있다. "내가 말하니까!" 아이가 10대라면 "네 발을 내 탁자 아래에 두고 있는 한 너는 내 말을 들어야 해!"라고 말하는 게 적합할 것이다. 부모는 아이들에게 거의 무제한의 힘을 갖는다. 아이의 정당한 질문에 힘에 근거해 대답하고 싶은 유혹이 클 것이다. 무엇보다도 합리적으로 논의하는 데 노력이 필요한 경우 특히 그렇다. 하지만 힘 있는 사람이 주장한다고 해서 그 주장이 옳은 것은 아니다.

대부분 국가는 가장 강력한 권력을 지니며, 법과 명령의 도움으로 사회를 끌어가기 위해 독점적으로 권력을 사용한다. 때때로 합법성은 정당성과 동일시되지만 항상 국가가 정했기에 옳다고는 볼 수 없다. 제3제국의 뉘른베르크법이나 미국 남북전쟁 후 제정된 짐크로Jim Crow법(인종차별법)에 근거한 차별은 합법했으나 정당하지는 않았다. 차별과 인권 침해는 정당화될 수 없기 때문이다. "탈세는 절도"라는 널리 알려진 주장은 누구에게서 그리고 어떻게 세금을 걷을지 결정할 권리를 국가에 부여한다. 이는 정치가 올바르다고 간주하는 것과 같다. 국가 권력에 저항하는 사람은 정당성을 박탈당한다.

국가 권력이나 다른 제도의 권력은 종종 과학계에서 무엇이 옳고 그른지 판단하는 데도 영향을 미치고 싶어 한다. 갈릴레오 갈릴레이가 받은 심문관의 판결이 가장 유명한 예다. 심문관은 천동설을 지켜야 했다. 스탈린 체제의 소비에트연방에서 사이비 과학적 유전학자 리센코의 주장을 받아들인 것과 국가사회주의에서 상대성 이론과 양자 역학을 거부한 것도 마찬가지다. 문화 상대주의 또한 널리 퍼진 권력과 법을 동일시하는 데서 출발한다(20. 문화 참조).

13

오류의 오류

전제 1: 추론 사슬에서 오류는 잘못된 결론을 낳는다.

전제 2: A의 추론 사슬에 오류가 있다.

결론: 그러므로 A의 결론은 잘못된 것이다.

오류의 오류 추론은 잘못된 추론의 논증^{argumentum ad logicam}이라고도 한다. 이 논증은 토론 상대자의 추론에 오류가 있을 때 사용된다. 그러나 추론의 오류로 결론이 잘못되었다고 하면 그 자체로 오류 추론일 수 있다. 다른 방법으로 옳음을 증명할 수도 있기 때문이다. 그래서 오류의 오류 추론이다.

리사: 밍카는 네 발과 털이 있다. 네 발과 털이 있는 모든 동물은 고양이다. 따라서 밍카는 고양이다.

페터: 네 말은 완전히 틀렸다. 네 발과 털이 있는 모든 동

물은 고양이가 아니다. 따라서 밍카는 고양이가 아니다.

사실 리사가 잘못 추론했다 하더라도 밍카는 고양이다. 따라서 페터는 잘못된 결론을 내놓았다. 리사의 잘못된 추론을 근거로 밍카가 고양이가 아니라는 잘못된 결론을 끌어 냈기 때문이다.

오류의 오류는 대개 명백하지만 토론 중에 상대방의 신뢰성을 의심할 때 범해지곤 한다. 예컨대 대학살 부정론자들은 나치 강제 수용소 생존자가 기억을 바탕으로 증언한 데서 실수를 발견해 지적하고 이를 구실로 전체 진술이 허위라고 주장하거나 나치 대학살이 조작되었다고 주장한다. 대학살 부정론자들은 국가사회주의자들이 저지른 대학살에 관해 무수히 많은 증거가 있다는 사실을 잊곤 한다.

14
후건 긍정

전제 1: 만약 A라면 B다.

전제 2: B다.

결론: 그러므로 A다.

후건^{後件}(위 추론에서 A가 전건, B가 후건이다-옮긴이) 긍정은 전건 ^{前件} 부정과 유사하다. 전제 2(소전제)에서 전제 1(대전제)의 결론을 참이라고 간주한다. 따라서 오류는 전제 1의 '만약 A라면'도 참이라고 결론짓는 것이다.

만약 내가 뮌헨에 있다면 나는 독일에 있는 것이다.

나는 독일에 있다.

그러므로 나는 뮌헨에 있다.

위의 예는 분명 오류다. 대전제는 분명 참이다. 뮌헨은 독일에 있기 때문이다. 하지만 후건("나는 독일에 있는 것이다")에서 뮌헨에 있다는 사실이 추론되지 않는다. 실제로 뮌헨에 있으면 결론은 참일 수 있지만 논리적으로 타당하지 않다.

실업률이 높은 지역에서는 범죄율이 높다.
남아프리카는 범죄율이 높다.
그러므로 남아프리카는 실업률도 높다.

남아프리카의 실업률이 높다는 결론은 사실이지만 이는 논리적 전제에 따른 것이 아니다. 실업률이 높은 곳에서 범죄가 만연한다고 하는 첫 번째 전제는 참일 수 있다. 하지만 거꾸로 후건("범죄율이 높다")에서 전건("실업률이 높다")이 참이라고 추론되지 않는다. 다른 이유로 더 많은 범죄가 있을 수 있기 때문이다.

루시아: 지난주 이웃집에 절도가 발생했어. 도둑이 이웃집 여자의 돈을 몽땅 훔쳐 갔어.
페터: 누가 그랬을까?
루시아: 음, 프레드가 돈이 없다고 했는데 어제 새 차를 몰고 가는 걸 봤어.
페터: 틀림없이 프레드가 범인이야.

후건 긍정

루시아와 페터의 논의는 이렇다.

프레드가 이웃집을 침입했다면(전건) 돈이 생겼을 것이다
(후건). 프레드는 돈을 갖고 있다(후건 긍정). 그러므로 프레
드가 이웃집 절도범이다(잘못된 결론).

전건 부정

전제 1: A라면 B다.

전제 2: A가 아니다.

결론: 그러므로 B도 아니다.

전건 부정 오류는 형식 논리학의 영역에 속한다. 전제 1의 'A라면'이 가정(전건), 'B다'가 결과(후건)에 해당한다. 전제 2에서 전건, 즉 가정 부분이 부정된다. 오류는 후건이 부정되는 추론에 있다.

> 밍카가 고양이라면 털을 가지고 있다.
> 밍카는 고양이가 아니다.
> 그러므로 밍카는 털이 없다.

밍카가 고양이라면 털을 가지고 있다는 첫 번째 전제는 참이다. 두 번째 전제는 첫 번째 전제의 전건(밍카가 고양이라면)을 부정하고 있다. 즉 밍카는 고양이가 아니라는 것이다. 오류는 전건을 부정해 밍카는 털이 없다고 결론을 내린 데 있다. 밍카가 고양이가 아닐지라도 털을 가지고 있을 수 있기 때문이다.

여름이면 태양이 빛난다.
여름이 아니다.
그러므로 태양은 빛나지 않는다.

여기에서도 '여름이라면'이라는 전건을 부정해 후건을 부정할 수 없다는 것이 명백히 보인다. 하지만 첫 번째 전제가 상호 조건문이라면, 전건이 참인 경우에만 후건이 참이라면 오류가 발생하지 않는다.

머리카락이 너무 길면 (단지 그 결과로) 한스는 미용실에 간다.
머리카락이 너무 길지 않다.
그러므로 한스는 미용실에 가지 않는다.

16
유행

전제 1: 인기 있거나 유행하는 것은 무엇이든 옳다.

전제 2: X는 특히 현재 유행하고 있다.

결론: 그러므로 X는 옳다.

인기에 근거해 호소하는 것은 관습에 기대는 것과 다르다. 특정 시기와 장소 그리고 특정 집단의 사람들에게만 의미 있는 것이 트렌드나 유행이다. '군중 심리에 따라'와 '시류에 편승해'가 이 오류에 들어맞는 관용구다.

패션 트렌드가 좋은 예다. "지금 이 바지를 사야 한다. 이런 스타일이 최신 트렌드다." 제품의 인기를 바탕으로 한 전형적 광고 문구로 "맥주 판매 1위", "치아 보험 시장 점유율 업계 최고" 등이 있다.

트렌드는 패션뿐만이 아니라 정부 정책, 소비재 수요, 증권 시장 및 투자 분야에도 있다. 인기에 의존하면 해당 영역에서 그 결과는 곧바로 단호하게 나타날 것이다. 1990년대 후반과 2000년대 초반에 많은 투자자가 소위 닷컴 기업에 미래의 성공 가능성에 관한 생각 없이 많은 돈을 투자했다. 소액 투자자와 투자 컨설턴트뿐만 아니라 막대한 자본으로 인터넷 스타트업을 인수하려는 대기업도 여기에 뛰어들었다. 한 파산 관리자는 당시 상황을 이렇게 말했다. "거리로 나가 인터넷 회사를 소유하고 있다고 말만 하면 사람들이 다가와 투자할 정도였다."[12] 결과는 투기 거품이었고 수많은 파산과 손실이 이어졌다.

인기나 트렌드에 따른 결정은 패션 분야에서는 나름대로 의미가 있다. 하지만 경제 및 금융 분야에서 유행에 의존하는 것은 잘못이다. 많은 다른 투자자들이 같은 방식으로 투자한다고 해서 이익이 발생하는 것은 아니다. 그런데도 이와 같은 오류 추론은 늘 반복된다. 합리적으로 투자를 계획하리라 예상되는 기업인들도 마찬가지다. 그 대신 기업 컨설턴트가 기업에 양 떼 효과를 경고할 수 있다. 많은 사람이 그저 인건비가 낮은 국가로 서로 몰려가 투자하고 심지어 같은 장소에 생산 시설을 세운다. 그 결과 인건비가 상승하여 애초에 입지적 장점이 적어도 부분적으로 사라져버린다.

17

관습

전제 1: 모두가 하는 일은 옳다.

전제 2: X는 모두가 한다.

결론: 그러므로 X는 옳다.

"로마에 가면 로마인이 되어라!"라는 격언이 있다. 지역의 관습이나 관행에 적응하라는 말은 이방인으로서 다수의 주민과 잘 지내는 데 도움이 되는 조언일 것이다. 하지만 관습을 논쟁의 근거나 행동을 도덕적으로 정당화하는 데 끌어들이면 오류가 발생한다. 도덕적으로 잘못하고는 구실로 관행을 내세우는 일을 심심치 않게 볼 수 있다.

"왜 불법 복제를 하면 안 되죠? 남들도 다 하는데 말이죠. 모두가 음악이나 소프트웨어를 인터넷에서 그냥 내려받아요."

루마니아에서 성장한 한 여성은 공산당이 통치하는 동안 국영기업에서 물건을 훔치는 일이 흔했다고 말했다. 이때도 모두가 그렇게 한다는 이유로 물건을 훔치는 일이 정당화될 수 있었다. 특히 먹여 키워야 할 아이가 있다면 이는 도덕적 명령이나 다름없었다.

도덕적 문제를 다수 의견에 기대 해결하려 하는 것은 문제가 있다. 대다수 사람이 반대하지 않는다고 해서 투우가 괜찮은 걸까? 다수가 찬성한다면 소수자 차별이 정당화될 수 있을까? 사회의 인간화는 소수에 불과하던 집단이 지배 집단의 견해에 반기를 들면서 이루어졌다. 노예제 폐지와 여성 평등권, 시민권 운동, 동물 보호는 기존의 관습을 위반해서 실현되었다.

순전히 유용성의 관점에서도 일반 관습과 규범을 항상 고수하는 것은 잘못된 일일지 모른다. 이에 대한 명백한 예가 아프리카의 많은 국가와 일부 아시아 국가에서 행해지고 있는 소녀 할례다. 윤리적 문제도 문제지만 소녀와 여성들에게 건강상 심각한 결과를 초래한다. 소녀 할례가 유용한 관습이라고 주장하는 것은 잘못된 결론이다.[13]

18
권위

전제 1: 권위자는 보통 사람보다 매우 포괄적인 지식을 소유한다.

전제 2: 주장 X는 권위자 A의 생각에 따른 것이다.

결론: 그러므로 주장 X는 틀림없이 옳다.

주도적 역할을 하는 사람이나 기관이 권위를 지닌다. 전문
가는 전문 지식과 경험으로 특정 분야에서 권위자로 여겨진
다. 권위를 신뢰하는 것은 현명한 판단일 수 있다. 일례로 눈
에 문제가 있으면 미용사가 아니라 안과 의사에게 가는 것
이 합리적이다. 고장 난 자동차를 자동차 정비사에게 맡기
는 것도 마찬가지다. 안과 의사나 자동차 정비사는 모두 해
당 분야에 관한 전문 지식을 지닌 권위자다.

　다음과 같이 주장할 때 권위자에 의존하는 것은 정당할
수 있다. "안과 의사가 안경이 필요하다고 해서 맞추게 되었

습니다. 그리고 정비사가 브레이크 패드가 마모되었다고 해서 교체했어요."

의심스러운 권위자들

그런데 항상 권위자를 신뢰할 수 있을까? 신학자는 신에 관한 권위자일까? 그렇지 않다. 대체 의학자는 건강 문제에 전문가일까? 대체 의학에 관해 많이 알 수도 있지만 그 처방에 너무 의존해서는 안 된다. 교황은 가톨릭 신자에게만 권위자이지 비신자에게는 그렇지 않다. 안과 의사와 정비사도 의심해볼 만하다. 안과 의사는 사실 시력과 상관없이 안경을 처방하기도 한다. 정비사는 매상을 올리기 위해 멀쩡한 브레이크 패드를 교체하기도 한다.

권위자는 자신의 전문성에도 불구하고 합리적 추론이 중요하지 않은 어떤 관점을 대변하기도 한다. 여기에는 재정적, 이데올로기적, 개인적 등의 이유가 있을 것이다. 두 경제학자는 전적으로 자신의 전문 분야에 관해 잘 알고 있지만 경제 정책 제안을 요청받으면 서로 대립하는 의견을 낸다. 경제학에서도 이데올로기와 개인적 선호가 중요한 역할을 한다. 전문가는 자신의 연구를 수행할 때 이를테면 담배 산업자 등과 같은 의뢰인의 이익을 대변할 수 있다. 이비인후과 의사도 이명을 단순 심신 상관적 혼란으로 진단할 수 있다. 이명에는 별다른 이유가 없기 때문이다. 특히 학계에는

타이틀이 있는 사람과 없는 사람

전문성은 타이틀이나 수상 경력, 업적 등을 통해 공식적으로 보증된다. 여기에는 각종 학위와 대학에서의 교수 활동, 노벨상이 포함된다. 노벨상 수상자는 상금과 함께 그 입지가 최상위로 올라간다. 많은 사람이 노벨상 수상자를 지적으로 뛰어나다고 생각해 해당 분야 외의 주제에 관해서도 견해를 듣고자 한다.

미국 폭스 뉴스 간판 앵커였던 빌 오라일리는 리처드 도킨스에게 "나는 당신과 나보다 똑똑하고 신을 믿는 사람을 알고 있습니다"라고 말하며 세계적인 유전학자 프랜시스 콜린스를 거명했다. 권위에 호소하는 오류의 전형적 예다. 앵커는 프랜시스 콜린스가 인간 게놈 프로젝트를 이끌고 수많은 수상 경력을 지닌 점을 염두에 둔 것이다. 콜린스는 한마디로 인간 유전학 분야에서 인정받는 권위자다. 그런 콜린스가 종교 문제에 관해서는 평범한 신자보다 못한 비합리적인 답변을 내놓았다.

타이틀과 수상 경력은 전문적 능력을 증명해준다. 반대로 이런 증서들이 없으면 능력 부족으로 여겨진다. 한 교수가 경쟁자를 향해 이렇게 말한다. "그는 책을 자비로 냈지만 나는 유명 출판사에서 냈다."

르네 살름^{René Salm}은 고고학을 깊이 연구하여 예수 시대 나사렛에는 아무도 살지 않았음을 확신했지만 학계로부터 '아마추어 고고학자'라는 모욕적인 말을 들었다. 살름은 고고학과 관련하여 학위가 없다. 따라서 살름의 연구를 낮잡아 표현한 것이다. 한 분야에서 전문가가 되기 위해 반드시 학위나 유명 출판사에서 출간한 책이 있어야 하는 것은 아니다. 알베르트 아인슈타인은 스위스 특허국에서 3등 심사관으로 있으면서 몇몇 중요 논문을 완성했다. 미국 사회 철학자 에릭 호퍼는 비정규직 노동자, 부두 노동자, 광부, 농부로 생계를 이어나가면서도 사회 철학에 관한 중요 저작들을 써냈다.[14] 나는 학창 시절 에릭 호퍼와 달리 박사 학위를 두 개나 받은 시간 강사를 알게 되었는데, 마르크스주의의 신조를 낭독하는 일 외에 그가 할 수 있는 게 없어 보였다.

로버트 프라이스 역시 박사 학위를 두 개 받았는데, 학위 타이틀로만은 전문가가 될 수 없다고 지적했다. "박사 학위는 앞으로의 연구를 위한 운전면허증에 불과합니다. 당신은 아무것도 모르니 이제 연구를 시작할 수 있다는 뜻입니다."[15]

권위자 중 권위자

전문가 사이에서도 해당 분야와 관련한 문제를 두고 의견이 다른 경우가 많다. 그래서 때로는 학자들의 합의가 입장을 정당화하는 데 사용되기도 한다. 합의에 문제를 제기하는 사람들에 대해서는 "그들은 주변인에 불과해 학계 생각을 대표하지 않는다"라고 말한다. 학문에서 새로운 생각은 외부인의 관점에서 시작되어서 시간이 지남에 따라 인정받기도 한다. 예컨대 대륙 이동설이 그렇다. 처음에 학자들이 거부했지만 이제는 널리 인정받는 이론이 되었다.

권위자가 보증하는 곳에서의 권위

그렇다면 전문가를 믿지 말아야 하는가? 모든 분야에서 전문 지식을 습득할 수 없으므로 다른 사람의 지식과 능력에 의존하는 일은 불가피하다. 하지만 우리는 전문가라도 다양한 목적을 추구하며 기만적이고 낡은 도그마에 사로잡힐 수 있음을 알아야 한다. 전문가란 해당 분야에서만 권위자다. 그들은 자신의 전문 분야 밖의 질문에 답하자마자 그 지위를 잃는다. 알베르트 아인슈타인은 너무 많은 주제에 관해 질문을 받았다. 하지만 자연 과학 밖에서 아인슈타인은 지식이 풍부한 시민보다 더 깊은 견해를 가지고 있지 않았다.

감정

전제 1: 감정은 무엇이 참이고 거짓인지를 알려준다.

전제 2: 감정이 X라고 말한다.

결론: 그러므로 X는 참이다.

개인의 감정이나 느낌에 근거한 주장은 사실을 확인하기 힘들다. 종교인들은 다음과 같이 말한다. "저는 제 종교가 옳다고 생각합니다. 정확히 증명할 수는 없지만 모든 것이 제게 아주 의미가 있습니다." 다양한 상황에서 감정을 판단 근거로 끌어들인다. "저는 우리가 올바른 결정을 했다는 느낌이 듭니다. 우리가 올바른 투자를 했다는 느낌입니다."

감정은 뉴에이지 운동에서 중요하다. '냉철한' 이성은 인식 방법상 감각과 대비된다. 이런 생각은 영화 〈스타워즈〉에도 등장한다. 거의 모든 사람이 "네 느낌을 믿어라!"라는 말을 알고 있다. 물론 감정을 반박할 수 없다. 문제는 다른 사람이 개인의 감정에 당혹할 때다. 우리는 감정에 이끌려 판단할 때 다른 사람은 다르게 느낄 수도 있다는 것을 알아야 한다. 따라서 갈등을 피하려면 판단하기 위한 다른 근거를 찾아야 한다.

감정이 실린 주장

감정적 언어는 정치와 광고에서 목표 대상을 생각하게 하고 설득하기 위해 사용된다. "건강보험 개혁으로 더는 환자 이송 비용이 지원되지 않는다"라는 말은 "건강보험 개혁으로 평생 일해온 어르신들 앞에 힘든 여정만 남겨져 있다"라는 말보다 극적이지 않다. 노령층이 입원하는 요양원에 대한 절제된 불만은 "이 나라를 세운 세대는 이제 요양원에서 삶을 근근이 이어가고 있다"보다 심한 말로 들리지는 않을 것이다.

감정이 실린 주장은 연상의 도움을 받아 작동하지만 항상 그런 것은 아니다. 감정은 또한 다채로운 표현과 감정적 단어를 사용하거나 가치, 충성도, 믿음 등에 대한 호소를 통해 유발된다. 예컨대 '사랑하는 고향', '순진무구한 삶', '냉혈한의 범죄', '비겁한 공격'과 같은 표현들이 있다.

동정

연민의 논증^{argumentum ad misericordiam}이라고도 불리는 동정심을 유발하는 주장은 감정에 호소하는 특수한 경우다. 감정이 실린 주장과 비슷하게 청중 혹은 상대방에게 동정을 불러일으켜 어떤 결정을 하게 유도한다.

미국 TV 복음주의 전도사 지미 스웨거트^{Jimmy Swaggart}는 매춘부와 추문이 폭로된 후 하나님께 죄를 용서받기 위해 눈물을 보이며 슬픔에 찬 목소리로 자신의 일탈을 고백하는 후회막급한 죄인으로서 모습을 드러냈다. 사실 이런 스웨거트의 미디어 연출은 신자 공동체를 겨냥한 것이었다. 즉 스웨거트는 자신의 신자들에게 동정심을 불러일으키길 원했다. 신자 공동체의 상실은 수입원을 잃는 것일 테니까 말이다.

동정으로 결정을 내리는 것은 윤리적 측면에서 보면 옳은 일일 수도 있다. 물론 사태는 동정을 통해서는 참이 되지는 않는다.

자부심

자부심은 일을 성취하거나 조직에 소속한 데서 오는 자기 존중의 감정이다. 자신의 성취에 자부심을 느끼기도 하지만 한 국가의 국민으로, 승리한 스포츠팀의 팬으로 혹은 성공한 사람의 친구나 친척, 팬으로도 자부심을 느낄 수 있다. 하지만 자부심은 오류 추론으로 이어지기도 한다. 특히 우월감에 가득 찬 추론을 할 때 그렇다. 즉 "우리나라는 세계에서 가장 아름답고 멋있다. 우리 축구팀은 최고다"와 같은 자부심은 무비판으로 이어질 수 있다. 민족의 자부심이 초래한 대재앙의 결과는 역사책들에 잘 나와 있다.

질투

질투는 자연스러운 감정으로 상황과 사람에 따라 다르게 나타난다. 주관적으로 다른 사람이 이유 없이 혹은 부당하게 더 나은 것처럼 보일 때 질투가 생긴다. 이 기분 나쁜 감정은 그 자체로는 오류가 아니지만 잘못된 결론으로 이어질 수 있다.

"성실하게 일해 부자가 된 사람은 아무도 없다. 부자는 사기를 쳐서 부를 얻은 게 분명하다."
"부자와 권력자는 우리의 성공을 방해하기 위해서 서로 결탁한다."

질투에 토대를 둔 오류 추론은 더 나은 다른 사람의 상황을 깎아내리거나 비난하면서 자신의 나쁜 입장을 보상하기 위한 것이다.

"부자는 많은 돈을 소유하고 좋은 집에 살 수 있지만 그렇
다고 특별히 더 행복하지는 않다."

"X가 복권에 당첨됐다고? 나는 복권에 당첨되고 싶지 않
아. 당첨된 돈으로 뭘 해야 할지도 모르겠어."

"사랑은 돈으로 살 수 없어."(비틀스)

20
문화

전제 1: 공인된 문화라는 것이 존재한다.

전제 2: 공인된 문화가 규정한 것은 옳다.

전제 3: X는 공인된 문화 A의 부분이다.

결론: 그러므로 X는 문화 A 안에서 옳다.

전통에 호소하기와 비슷한 논증이 문화에 호소하기다. 문화는 사회학적 의미에서 한 집단의 사람들이 창의적으로 생산한 모든 것을 포함한다. 예술, 윤리, 종교, 과학, 경제, 풍습 등이 이에 해당한다. 한 집단의 사람들이란 한 나라의 시민이나 도시 주민, 농촌 주민, 종족 또는 계층의 구성원이 될 수 있다.

하지만 대부분 사람은 문화를 기술적^{記述的}인 것이 아니라 규범적인 것으로 간주한다. 이와 같은 견해는 대개 민족이나 국가와 동일시되는 문화에는 이 문화의 구성원을 구속하는 전통, 가치, 규범이 있다고 가정한다. 이를 옹호하는 사람들은 우리가 다른 문화를 평가해서는 안 된다고 주장한다. 이란에서는 간통하면 투석형에 처하고 동성애를 하면 처형한다. 이는 그들 문화의 일부이며 우리가 평가할 일이 아니다. 아프리카의 많은 국가에서 행해지는 소녀 할례는 끔찍하지만 이런 풍습 역시 그들 문화의 일부다.

샘 해리스는 《신이 절대로 답할 수 없는 몇 가지》에서 훗날 오바마 대통령이 생명 윤리 연구 위원회에 임명한 한 학자와의 대화를 이야기한다. 해리스가 탈레반이 아프가니스탄의 여성과 소녀들에게 부르카 착용을 강요하는 것은 인간복지에 해가 되므로 잘못된 것이라고 하자, 그 학자는 그것은 해리스의 개인적 의견일 뿐이라고 반박한다. 그리고 다음과 같이 대화가 이어진다.

샘 해리스: 만약 태어날 때 문자 그대로 모든 셋째 아이를 의식적으로 눈을 뽑아 장님으로 만드는 문화를 발견했다면, 당신은 우리가 인간의 안녕을 쓸데없이 줄이는 문화를 발견했다는 데 동의합니까?

생명 윤리 학자: 왜 그런 것을 하고 있는지에 달려 있습니다.

샘 해리스: 종교적 미신 때문에 그렇게 한다고 가정해봅시다. 하나님께서 "셋 중 하나는 어둠 속에서 걸어 다니리

라" 했다고 말입니다.

생명 윤리 학자: 그렇다면 나는 결코 그들이 잘못되었다고 말하지 않을 겁니다.[16]

문화 상대주의적 견해가 갖는 문제는 각 문화에서는 공인된 가치가 있으며 이런 가치의 관철은 이 문화의 공인된 대표자에 의해 정당화된다고 가정하는 데 있다. 특정 나라에서 여성을 부르카로 숨기고 간통한 사람을 투석형에 처하고 동성애자를 처형하고 소녀 할례를 하는 것을 윤리적으로 문제 삼을 수 없다고 한다. 궁극적으로 이런 견해는 권력이 옳게 만들었다는 가정에 근거한다. 규칙은 한 사회에서 힘 있는 자들이 만드는 것이지 그 규칙에 따라 처형되거나 불구가 되는 사람들이 만드는 것은 아니기 때문이다. 더구나 다른 문화를 비판해서는 안 된다는 주장은 자의적 가정에 불과하다. 인간다운 조건을 옹호하는 것은 우리 문화의 일부이므로 비인간적 가치에 대한 비판은 의무라 할 수 있다.

21

다수

전제 1: 다수가 옳다고 생각하는 것은 참이다.

전제 2: 거의 모두가 X를 참이라고 생각한다.

결론: 그러므로 X는 참이다.

다수 의견에 기대어 호소하는 것은 어떤 입장을 정당화하는 전략으로 종종 학계에서 합의 형태로 사용된다. 이 방식은 전문 분야 외에서도 사용된다. 우리는 다음과 같은 말들을 이런저런 상황에서 듣게 된다.

"모두 그런 줄 알아!"

"일반적으로 인정된 거야!"

"아무도 그것을 믿지 않아!"

"다들 알고 있지!"

대중을 이용한 논증

다수 의견을 근거로 하는 데는 다수는 실수를 범하지 않는다는 생각이 깔려 있다. 20억 명이 넘는 기독교 신자 모두가 틀릴 수 있을까? 15억 이슬람교도가 잘못된 믿음을 가질 수 있을까? 전 세계 인구의 90퍼센트가 신을 믿는데 그들 모두가 틀릴 수 있을까?

다수에 반대하면 상황에 따라 상당한 역풍을 맞으리라 생각할 수 있다. 그 반대 주장이 합리적 사실일 수도 있는데 말이다. 이때 지지자가 없으면 사회적으로 고립되곤 한다. 그러고는 이런 말을 듣기 십상이다. "당신은 별난 사람이네요! 당신이 다른 사람보다 더 많이 안다고 생각하지 않아요. 아마 당신은 스스로를 특별한 존재라고 믿는 모양입니다!"

그래서 토론에서 사람들의 지지를 확보하려는 전략을 사용한다. 다수를 자신의 편으로 끌어들인 사람은 주장은 합리적이지 않을지언정 승리자임은 느낄 수 있다. 하지만 다수의 생각이 부조리할 수 있다. 홀로 다수에 반대하는 주장을 펴야만 했던 사람이라면 누구나 이를 증언해줄 수 있을 것이다.

대중의 지혜 결핍

정말 모두가 틀릴 수 있을까? 다수가 참이라고 믿는다고 해서 그 주장이 반드시 참일 이유는 없다. 거의 모든 사람이 세계는 편평하다고 생각하던 때가 있었다. 그런데도 오늘날 모두가 알고 있듯이 이는 사실이 아니다. 인종주의적 편견과 성적 편견은 한때 상식에 속했다. 지금은 더 이상 공공연히 이를 말하지 않는다. 하지만 그 편견들은 예나 지금이나 잘못된 것이었다.

22

무지

전제 1: 설명할 수 없으면 Y를 원인으로 본다.

전제 2: 누구도 X를 설명할 수 없다.

결론: 그러므로 Y는 틀림없이 X의 원인이다.

빌 오라일리는 2011년 1월 4일 이후 엄청난 비웃음과 조롱을 샀다. 이 극보수주의 방송인은 미국 무신론 협회 의장 데이비드 실버맨David Silverman을 방송에 초대하여 공공연히 다음과 같은 질문을 하며 신의 존재를 증명하려 했다. "밀물이 들어왔다 나갑니다. 절대 오해의 소지가 없는 사실이죠. 그럼 당신은 (신의 개입 없이) 이 현상을 어떻게 설명하겠습니까?"

실버맨은 오라일리의 무지에 아연실색했다. 이를 비웃는 기사와 인터넷 게시물들이 쏟아졌다. 가톨릭 신자인 오라일리를 향한 비난 일색이었다. 며칠 후 한 TV 풍자쇼에 출연한

천문학자 닐 디그래스 타이슨이 조수의 원리를 설명하기에 이르렀다.

빈틈의 신

물론 오라일리는 밀물과 썰물이 달의 영향을 받아 일어난 다는 것을 알고 있었다. 아마 오라일리는 그 누구도 우주에 혼란 대신 명백한 질서가 존재하는 이유를 설명할 수 없다 고 말하고 싶었을 것이다. 이른바 신 존재 증명 대부분은 다 음과 같은 질문에 만족할 만한 대답을 할 수 없다는 사실에 근거한다. 무無 대신에 왜 그 무언가가 존재하고 태초에 무 엇이 일어났으며 왜 수학과 논리학이 작동하는가? 이런 질 문에 명확하게 답할 수 없기에 모든 것을 창조한 신이 존재 해야만 한다.

창조론자는 진화론에서 오류 찾기를 즐기거나 지구에서 생명체의 기원이 완전하게 설명될 수 없다고 지적한다. 이 전략으로 창조론자는 세계는 지적인 존재, 즉 신에 의해서 계획되었다는 결론을 정당화하려 한다. 마찬가지로 신경과 학은 의식을 설명할 수 없으므로 의식하는 기관이 영혼인 게 분명하다고 주장한다. 하지만 무언가에 준비된 설명이 없다는 사실은 증거 없음을 설명으로 받아들여야 할 충분한 이유가 되지 않는다.

무지와 음모

무지의 논증^{argumentum ad ignorantiam}은 신 존재 증명 외에도 널리 퍼져 있다. 이른바 미확인 비행 물체^{UFO}로부터 외계 비행체의 존재를 추론한다. UFO는 비행기나 기구^{氣球}, 그 밖의 설명 가능한 현상이 아니므로 우주에서 온 비행체임이 분명하다는 식의 추론이다.

무지의 논증은 음모론과 잘 어울린다. 테러리스트는 왜 비행 중이 아니라 착륙 직전에 폭탄을 터뜨리려 했는가? 아무도 이유를 모르기 때문에 분명 미국 정부가 배후에 있을 것이라고 한다. 음모론자는 종종 사람들에게 곧바로 대답할 수 없는 질문을 던지는데, 이로써 이미 자신이 품고 있는 확신이 증명되었다고 생각한다.

"과학이 모든 것을 설명할 수 없다"나 "하늘과 땅 사이에 사람이 설명할 수 없는 것이 있다"는 초자연적 현상에 대한 믿음을 정당화하기 위해 자주 하는 말들이다.

일상적 무지

평범한 토론에서도 "모르겠습니다"라는 말이 근거로 등장한다. 가령 한 기업이 단지 더 높은 감가상각비를 산출받기 위해 회관을 지었다는 주장이 제기되었다고 하자. 회관을 지은 게 재정적으로 가치가 없다고 주장한다. 그러면 반대편에서는 "저는 감가상각이 어떻게 작용하는지 모릅니다"라고 대답한다. 감각상각이 어떻게 작용하는지 모르는 한 모든 가능한 결론에 사용될 수 있다.

또 이슬람 국가에는 종교의 자유가 존재한다는 주장에 그렇지 않다는 반론을 하면, 상대방은 "저는 파키스탄에서의 상황이 어떤지는 잘 모르겠습니다"라고 답한다. 즉 이는 "저는 파키스탄의 상황이 어떤지는 잘 모르지만 제가 옳을 가능성이 있습니다"라는 뜻이다.

무지의 논증은 단지 논리적 관점에서만 문제가 되는 게 아니다. 토론 상대가 무지하다면 그를 상대하고 있는 나 자신도 무지한 사람으로 여겨질 수 있다.

23

예외

전제 1: X는 일반적으로 타당하다.

전제 2: A는 예외다.

결론: A는 예외이므로 X는 A에 적용되지 않는다.

이 오류 추론은 일반 전제나 규칙, 기준 원리를 타당하다고 간주한다. 하지만 특수한 경우, 이를테면 결론을 정당화하기 위해 일반적 타당성에 대한 예외가 만들어진다. 이 오류를 특수 변론special pleading이라 부르기도 한다. 한마디로 상대방을 설득하기 위해 자기에게 유리한 주장만 하는 것이다.

　가장 유명한 한 예가 토마스 아퀴나스의 '신의 인과적 증명'이다. '제일 원인인 신 존재 증명'이나 '우주론적 증명', '원인을 규명하는 신의 증명'으로도 알려져 있다. 많은 신자는 이를 창조주 신의 존재에 대한 결정적 논의로 받아들인다. 이는 모든 것에는 원인이 있어야 한다는 확신에 근거한다. 세계는 근원을 가지며 세계를 생성한 물질도 그 어딘가에서 나와야 한다. 사실 오늘날 우주는 빅뱅으로 생겨났다고 가정하고 있지만 이 빅뱅은 어떻게 생겼을까? 공공연히 무한하게 뒤로 돌아갈 수 없고 언젠가는 시초가 있어야만 하는 인과 사슬이 존재한다는 논의다. 결국 모든 것의 시초에 신이 있다고 한다. "하지만 왜 신은 시초가 없어야만 하는가?"라고 누군가 물을 수 있다. 그러면 "신은 시초가 필요가 없다"라고 답한다. 신은 시공을 초월하여 존재한다는 말도 안 되는 주장을 내세운다. 이 규칙에서 신은 예외다. 신은 특별한 경우다. 하지만 규칙에 예외가 있다면 우주나 다른 것들은 왜 안 되는가?

24
관습

전제 1: 오랜 전통을 가진 것은 옳다.

전제 2: X는 오랜 전통을 가진다.

결론: 그러므로 X는 옳다.

전통은 행동이나 가치, 제도, 정책 결정, 심지어는 언어 규칙을 정당화는 데까지 두루 사용된다. 전통은 기업에서도 역할을 한다. "왜 그렇게 했습니까?"라고 묻는 사람에게 어깨를 으쓱하며 "뭐 항상 그래왔습니다"라고 대답하곤 한다.

정치에 변화나 개혁을 요구하면 "우리는 여태껏 이것으로 잘해왔습니다"라는 말을 듣는다. 국가와 교회의 분리를 요구하면 독일 정치인들은 "국가와 교회의 협력은 그 가치를 보여줬습니다"라고 기꺼이 대답한다. 국가와 교회의 결속이 독일의 전통이라는 것이다. 독일 국공립대학에는 반드시 신학 석좌 교수가 있어야 하는가? 그렇다. 독일의 전통이다. 그러면 프랑스에서도 국공립대학에 신학 석좌 교수가 있는가? 아니다. 정교분리가 프랑스의 오랜 전통이기 때문이다.

전통과 습관

개인의 태도는 흔히 전통이나 습관에 의해 정당화된다. "나는 이 믿음과 함께 자랐다. 이 믿음은 내 일부분이다." 한 시간 강사는 "저는 사회 민주당SPD을 지지합니다. 아버지가 저를 그렇게 키우셨습니다"라고 말한다.

전통은 삶을 단순화시킨다. 모든 행동을 재고할 필요가 없기 때문이다. 하지만 전통은 필연적 변화나 진보를 방해할 때 문제가 될 수 있다. 여하튼 논증을 정당화하는 데 전통을 끌어들일 수 없다.

결혼은 항상 남녀 사이의 일이었습니다. 왜 우리가 전통을 깨고 동성 간 결혼을 허용해야 합니까?

모든 전통은 사람에 의해서 시작되고 사람에 의해서 끝날 수 있다.

전통적으로 건전한

대체 의학이나 민간요법을 정당화하기 위해 오랜 전통을 언급하기도 한다. 예를 들어 중국 전통 의학의 대표자들은 수천 년 된 지식을 내세운다. 또 생활을 달의 움직임에 맞춰 조정할 수 있는 음력에 대한 믿음은 매우 오래된 지식을 토대로 한다. 하지만 오랫동안 치료 방법이 사용되어왔다고 해서 효과가 증명되는 것은 아니다. 전통 의술이 오래전부터 효험을 봐왔다는 주장 역시 과학적 검증 없이 그 의술을 사용할 이유가 될 수 없다.

25

쿠이 보노

전제 1: 한 사건으로 이득을 보는 자가 그 사건의 원인 제공자다.

전제 2: A는 사건 X로 이익을 얻는다.

결론: 그러므로 A는 사건 X에 책임이 있다.

사건의 원인을 찾기 위해 사건으로 누가 이득을 보게 될지 묻는 것은 합리적일 수 있다. 부인 Y의 죽음으로 누가 이득을 볼까? 아내의 죽음으로 보험금을 받게 될 남편일까? 이런 추론 방식을 라틴어로 '쿠이 보노$^{cui\ bono}$(누가 이익을 얻는가)'라 한다. 누가 이익을 얻게 될지 알았다면 다음 단계는 그 수혜자가 사건에 실제로 책임이 있는지 검토하는 것이다. 살해된 부인 Y의 남편은 알리바이가 있는가? 사건 현장에서 어떤 흔적을 발견할 수 있는가? 남편이 수혜자가 아니라면, 다른 용의자를 찾아야 하고 다른 흔적을 추적해야 한다.

하지만 사건에서 발생한 이익을 얻은 실제 수혜자를 사건의 원인 제공자로 간주하는 쿠이 보노 원칙은 오류 추론으로 이어질 수 있다. 이 오류는 음모론에서 자주 드러난다.

2001년 9·11테러는 누구에게 이득일까?
아프가니스탄과 이라크 전쟁을 위해 미국 국민을 움직일 수 있었던 부시 정부가 이득을 봤다.
그러므로 부시 정부가 테러 공격의 배후임이 틀림없다.

1941년 12월 7일 일본 공군의 진주만 공격으로 누가 이득을 봤을까?
제2차 세계 대전에 미국이 참전하기 위한 명분이 필요했던 루스벨트다.
그러므로 루스벨트는 일본이 진주만을 공격할 것을 알고도 묵인했다.

높은 실업률은 누구에게 좋을까?
높은 실업률로 값싼 노동력을 확보하는 기업이다.
그러므로 실업은 자본가들의 음모다.

시리아 내전의 수혜자는 누구일까?
내전으로 시리아가 약해지므로 이스라엘이다.

그러므로 이스라엘은 시리아 내전에 어쨌든 책임이 있다.

높은 약값은 누구에게 이득이 될까?
더 많은 수익을 얻을 제약 회사들이다.
그러므로 제약 회사들은 대안적이고 저렴한 치료법을 사용하지 못하게 된 데 책임이 있다.

음모론을 믿는 사람들에게 사건의 원인은 애초부터 분명하다. 이 경우 쿠이 보노를 묻는 것은 선입견을 정당화하기 위한 목적으로 사용된다.

26

둑 터짐

전제: A는 일련의 사건을 낳으며 결국 원하지 않은 결과를 가져온다.

결론: 원하지 않은 결과를 피하려면 A를 저지해야 한다.

둑 터짐 논증은 특정 행동, 조치 또는 사건들의 결과를 경고하기 위해 사용한다. 사건 A를 허용하면 이는 B를 낳고 다시 C가 발생하며 결국 원하지 않은 결과인 D로 이어진다는 것이다. 도미노 효과, 눈사태 효과라고도 한다. 미끄러운 비탈길 논증^{slippery slope argument} 으로도 불리는데, 잘못 발을 내디디면 멈추기 어려워 아래까지 미끄러지기 쉬운 비탈길에 이 오류를 빗댄 표현이다.

　둑 터짐 논증은 동성 결혼을 반대하는 데 주로 사용된다. 동성 결혼을 허용하면 일부다처제도 허용하지 않을 이유가 무엇이냐는 주장이 나온다. 결국 모두가 모두랑 결혼할 수 있다면 염소나 오리, 거북이, 돌고래와의 결혼은 왜 안 되겠나? 누가 인간과 동물과의 결혼을 원하겠는가?

둑 터짐에서는 불합리한 보외법extrapolation을 기초로 하여 불러일으킨 일련의 결과가 거의 개연성이 없다는 점이 문제다. 하지만 이는 반드시 그렇게 되지 않는다. 기독교 원리주의자는 자유로운 성서 해석을 경고하는 데 이 논증을 사용한다. "만약 우리가 성서의 창조 이야기를 상징적으로 보기 시작하면 다음은 어떤 결과가 나타날까요?"라고 묻는다. "우리가 참으로 그리고 거짓으로 간주하는 것은 자의적이게 됩니다. 결국 기독교 전체의 토대가 의문시될 것입니다."

미국 남북전쟁도 둑 터짐의 공포에 뿌리를 두고 있다. 노예 제도가 모든 연방으로 확산하지 않는다면 남부 연방이 그 영향력을 상실하리라 생각했을 것이다. 더 많은 자유 주들이 연합할 수 있기 때문이다. 남부 연방이 한번 뒤로 물러나기 시작하면 이는 노예 제도에 대한 추가 제한으로 이어질 것이고 결국 노예 제도는 폐지되어 남부 사회는 붕괴할 것이다.

선언적 긍정

전제 1: A가 아니면 B다.

전제 2: A다.

결론: 그러므로 B가 아니다.

결합 오류처럼 선언적 긍정 오류는 심리적 현상이다. 그러나 이 경우 서로 연결되지 않는 사건이나 사물의 평가가 문제다.

에밀 혹은 막스가 은행을 털었다.
에밀은 자신의 행위를 자백했다.
그러므로 막스는 결백하다.

에밀을 단독 범죄자로 선언하는 것은 성급한 결정이다.

첫 번째 전제에 포함된 '혹은'이 문제가 될 경우, 즉 에밀 혹은 막스 아니면 둘 다 은행을 습격했다면 막스도 은행 절도에 연루되었을 수 있기 때문이다.

메뉴에 이렇게 쓰여 있다. "이 요리는 빵 혹은 쌀밥이 함께 제공됩니다."
한스는 쌀밥을 좋아하지 않는다.
그러므로 한스는 빵을 선택했다.

여기서 배타적 접속사 '혹은'이 중요하다. 메뉴에 따르면 식사는 단지 쌀밥 혹은 빵만을 주문할 수 있기 때문이다. 한스가 쌀밥 대신 실제로 빵을 주문했는지는 두 전제만으로는 추론할 수 없다.

28

잘못된 유추

전제 1: A와 B는 X라는 속성이 있기에 서로 비슷하다.

전제 2: A는 그 밖에 Y라는 속성도 있다.

결론: 이로 인해 B는 A와 유사하게 Y라는 속성이 있다고 추론된다.

이 오류 추론은 두 대상 혹은 두 상황의 공통점을 찾는 것과 관련 있다. 그 공통점이 추상적이거나 상투적일지라도 추가적 결론이 유도된다.

태양계 내 다른 행성의 환경과 생명이 존재하기 위한 조건을 알기 전에 인류는 지구인과 마찬가지로 화성인, 금성인 등도 있으리라 생각했다. 화성과 금성은 지구와 같은 행성이다. 그렇다면 왜 이 행성들에는 지구와 같은 거주자가 없을까?

동물과 마찬가지로 식물도 생명체다.

동물은 감정을 갖는다.

따라서 식물 또한 감정이 있음이 틀림없다.

이 논증은 채식주의자가 육식주의자보다 나을 게 없음을 주장하고자 할 때 자주 사용된다. 식물도 감정이 있다는 것을 단지 생명체라는 데서 추론할 수 없다.

성서의 모순을 설명하려고 어떤 사건을 목격한 사람들의 이야기를 가져다 유추를 한다. 이를테면 이런 식이다. 경찰이 한 자동차 사고 목격자들에게 "전방을 주시하지 않은 차가 포드나 오펠이었는가? 파란색이었는가, 아니면 녹색이었는가?"와 같은 질문을 하면 모두 조금씩 다른 증언을 한다. 그러고 다음과 같은 잘못된 유추를 사용한다. 이처럼 사고 목격자들의 증언이 예수 부활을 증언한 성서 이야기와 같은 방식으로 상호 모순된다면 경찰들은 목격자들이 실제로 사고 현장에 있었는지, 사고가 났긴 났었는지 의문시할 수밖에 없다.

인간의 타락이라는 교의를 정당화하기 위해서 기독교 원리주의자는 "당신은 한 번이라도 거짓말한 적이 있는가?"라고 묻는다. 그렇다고 대답하면 "그러면 당신은 거짓말쟁이다"라는 대답이 돌아온다. 사람은 늘 진실만을 말하지 않는다고 해서 거짓말쟁이가 되는 것은 아니라고 응수하면

"누군가를 살해했다면 그 사람은 살인자다. 그러므로 거짓말했다면 거짓말쟁이다"라고 대답한다.

거짓말과 살인의 유사성은 취약하다. 살인은 중죄지만 상대방에게 상처 주지 않기 위해 거짓말을 하는 경우 거짓은 긍정적 측면을 가질 수도 있다.

잘못된 유추는 마술적 사고를 뒷받침한다. 예를 들어 필적 감정가가 하는 필체 해석이 그렇다. 왼쪽으로 기울여 쓴 필체, 즉 라틴어 계열의 문자를 '반대 방향'으로 쓰면 필적 감정가들은 방관하는 경향이 있거나 내성적이라고 판단한다. 반대로 오른쪽으로 기울여 쓰면 진보적이고 외향적이며 사교적인 성격이다. 필체가 불규칙하면 화가 난 것이다. 변덕이 심하고 균형을 잘 잡지 못하는 성격으로 판단한다.

잘못된 역사 유추

현대 논리학자 데이비드 해킷 피셔David Hackett Fischer는 《역사학자의 오류Historians' Fallacies》에서 다양한 형태의 잘못된 유추를 다룬다. 그 예는 다음과 같다.

1. 제1차 세계 대전은 미국에서 혁명적 사회 변동을 일으킨 전쟁이었다.
2. 미국의 독립전쟁은 미국에서 혁명적 사회 변동을 일으킨 전쟁이었다.

3. 미국인은 미국에서 혁명적 사회 변동을 일으키기 위해
   서 제1차 세계 대전에 참전하지 않았다.

4. 그러므로 여기서 미국인은 혁명적 사회 변동을 미국에
   서 일으키기 위해 독립전쟁에 참전한 것이 아니라는 결
   론이 난다.

피셔는 두 전쟁의 유사성은 매우 피상적이라고 한다. 제1
차 세계 대전은 미국이 18세기에는 불가능했던 전쟁에 개입
한 것이다. 따라서 두 전쟁은 각기 별개의 사회적 방향으로
나아갔다.[17]

(눈먼) 시계공

영국 신학자 윌리엄 페일리(1743~1805)의 시계공 논증은
잘못된 유추의 가장 유명한 예다. 페일리는 《자연 신학Natural
Theology》(1802)에서 다음과 같은 논증을 전개한다.

황야를 지나가다 시계를 발견했다고 가정해보자. 거기에
항상 시계가 있었다고 가정하지 못할 것이다. 대신 그 시계
를 만든 사람이 있으리라 가정할 수 있다. 즉 시계의 용도를
이해하고 그것에 맞게 설계하고 제작할 정밀한 시계공이 있
어야 한다. 이와 마찬가지로 자연이라는 작품도 창조자에서
출발해야만 한다. 유일한 차이점은 자연이라는 작품은 생각
보다 더 위대하고 거대하다는 것이다.

데이비드 흄은 일찍이 설계 이론의 오류를 인식했다. 게다가 우리는 찰스 다윈 이래로 생명 진화는 리처드 도킨스가 '눈먼 시계공'이라고 했던 자연 선택에 의해서임을 이해한다. 그런데도 같은 오류가 여러 형태로 반복되고 있다.

29
거짓 등가

전제 1: A는 X, Y, Z라는 속성을 갖는다.

전제 2: B는 X라는 속성을 갖는다.

결론: 그러므로 B는 Y와 Z의 속성도 갖는다.

거짓 등가의 오류는 사실상 같거나 비슷하다고 나타내려는 의도에서 서로 다른 것들을 동일하다거나 유사하다고 말할 때 범하게 된다. 거짓 등가의 오류는 윤리적 문제와 결부되곤 한다.

나치는 사람들을 죽였다.

이스라엘은 사람들을 죽였다.

그러므로 이스라엘 사람들은 나치와 같다.

무엇보다 정치적으로 좌파적 환경에서 이런 주장은 단지 이스라엘만 반대하기 위해 제기된다. 러시아나 중국, 이란 등에는 반대하지 않고 수백만 명을 조직적으로 학살한 행위를 몇몇 사람을 살인한 행위와 동일시한다. 이스라엘을 비판하는 사람들은 "살인은 살인이다"라고 말할 것이다. 하지만 사망자 수와 별개로 대학살과 같은 인종 말살과 세계 정복을 목표로 한 과정에서 발생한 사망은 무고한 사람들이 투쟁을 벌이는 과정에서 발생한 사망과 달리 봐야 한다.

페터: 이란은 민주주의 국가가 아닙니다. 첫째, 물라^{Mullah}가 허용한 사람만이 후보가 될 수 있고, 둘째, 아마디네샤드^{Ahmadineschad}는 2009년 부정 선거를 통해 재선에 성공했어요.
톰: 그래서요? 미국도 민주주의 국가가 아니에요. 충분한 재력을 가진 사람만이 대통령 선거에 출마할 수 있죠. 게다가 2000년 조지 부시가 당선된 데도 부정이 있었고요. 부시는 심지어 고어보다 전체 득표수가 적었어요.

모든 국가에서 다양한 인적, 물적 특성이 있는 사람들이 출마하는 데 방해에 직면한다. 이란과 같은 사이비 민주주의 국가에서 출마를 원하는 사람은 정적을 없애려는 권력자에 의해 배제된다. 2009년 이란에서 선거 부정이 있었다는

確실한 증거들이 있었다. 톰이 언급한 미국의 선거 부정은 플로리다의 개표에서 비롯된 문제였다. 이 문제는 재검표와 법정 공방으로 이어졌다. 부시가 고어보다 총득표수가 적었던 것은 사실이다. 하지만 부시가 선거인단의 과반을 차지해 미국 대통령에 선출되었다. 그러므로 미국과 이란의 선거를 동일시하는 것은 거짓 등가다. 아무리 반미 진영이 다른 입장에서 보기를 좋아하더라도 말이다.

> "알코올은 약물입니다. 금지된 약물이 많은데, 왜 알코올은 허용되는 겁니까?"
> "흡연은 생명을 위협합니다. 맞는 말입니다. 하지만 우리는 길을 건널 때도 똑같이 생명에 위협을 받습니다."
> "야생 동물은 자연 보호 구역에서 마음대로 돌아다닐 수 있습니다. 인간도 자연적 동물입니다. 그런데 왜 인간은 자연 보호 구역에 들어갈 수 없죠?"

실제로 알코올은 약물이다. 하지만 해로운 작용과 관련해 모든 약물이 동일하지 않다. 흡연은 생명을 위협한다. 길을 건너는 것은 위험하지만 생명을 해치는 것과 다르다. 세 번째 예는 실제 자연 보호에 반대하는 주장으로 제기된 바 있다. 인간은 자연적 동물이다. 하지만 인간은 야생 동물은 할 수 없는 자연 훼손을 할 수 있다.

30
거짓 딜레마

전제: 선택에 X와 Y가 포함된다.

결론: 그러므로 X나 Y 둘 중 하나만 선택할 수 있다.

2001년 9월 20일 조지 부시는 뉴욕 세계무역센터가 붕괴되고 9일 만에 "우리 편이 아니면 테러리스트 편이다"라고 선포했다. "나와 함께하지 아니하는 자는 헤치는 자니라"라는 예수의 말이기도 하다.[18] 역사상 많은 인물이 선택할 수 있는 입장은 둘 중 하나뿐이라고 말했다. 보통 사람들도 우리에게 종종 이런 딜레마를 안겨준다.

"우리 사회에 이렇게 많은 아동이 형편이 좋지 않은데 어떻게 동물 보호를 할 수 있는가?" 동물 보호자들이라면 한번쯤은 들어봤을 법한 말이다. 이 말은 동물 보호가 아동 보호를 배제한다고 가정하며, 그 반대도 마찬가지다. 그러므로 동물 보호 또는 아동 보호 둘 중 하나만 선택할 수 있다. 이는 물론 현실적으로 사실이 아니며 오류일 뿐이다.

"여기 개들은 제3세계 사람들보다 더 잘 먹습니다"는 다소 모호한 거짓 딜레마다. 선진국의 개 사육은 제3세계 식량 문제에 결코 영향을 미치지 않는다. 물론 왜 가난한 사람들을 먹이기보다 개들에게 돈을 쓰냐고 말할 수 있다. 동일한 주장을 다른 비필수 비용에도 적용할 수 있다. "먹을 게 없어 굶는 사람들이 있는데 왜 물 대신 맥주를 마십니까?" "굶주린 사람들에게 돈을 주지 않고 왜 여행을 가나요?"

1975년 냉전이 세계를 가르고 있을 당시 독일 과학 철학자 루페르트 라이Rupert Lay는 다음과 같이 썼다. "그러므로 내일을 위해 사는 사람은 기독교인이거나 마르크스주의자여야 한다. 실용주의자는 될 수 없다."[19] 이 시기에도 문제는 기독교와 마르크스주의 중 어느 한쪽만 선택해야 하는 게 아니었다.

하이브리드 자동차에 관한 토론에서 "하이브리드는 경제적인가요?"라고 묻자, "하이브리드 자동차는 도시에서 탈 때만 경제적입니다. 고속도로 운전자에게는 경제성이 떨어집니다"라고 답한다. 이 답변은 옳지 않다. 도시나 고속도로에서만 운전하는 사람은 없기 때문이다. 우리는 교외나 시골에서 차를 몰기도 한다. 하이브리드의 경제성을 평가하려면 두 가지 특별한 경우만 고려해서는 안 된다.

파스칼의 내기

프랑스 철학자 블레즈 파스칼(1623~1662)은 합리적 추론으로는 신을 증명할 수 없다고 주장한 당대 몇 안 되는 철학자 중 한 명이다. 다만 신을 믿지 않는다면 어떤 손해가 있을지를 생각했다. 파스칼은 회의주의자에게 신의 존재를 두고 내기를 하자고 했다. 신이 존재한다는 데 걸거나 신이 존재하지 않는다는 데 걸거나 둘 중 하나에 내기를 걸어야 한다. 신이 존재하지 않는다는 데 걸었는데 실제로 신이 존재하지 않는다면 아무것도 잃을 게 없지만 얻는 것도 없다. 하지만 실제로 신이 존재한다면 존재하지 않는다는 데 건 사람들은 영생을 잃고 지옥에 떨어질 것이다. 그러므로 신이 존재한다는 데 걸면 더 안전할 것이다.

파스칼은 사실 신에 대한 신앙을 내기와 연결했다고 고백했다. 결국 종교를 갖는 게 더 낫다는 것을 보여주기 위해서 말이다. 만약 신이 존재하지 않는다면 가장 극단의 경우 합리적이고 자율적인 삶을 포기하는 것이었다. 하지만 만약 신이 실제로 존재한다면 그 이득은 얼마나 더 커질까? 내기와 상금은 아무 상관이 없다. 그러므로 합리적으로 올바른 선택은 신이 존재한다는 데 거는 것이다.

파스칼이 범한 오류는 기독교 신에 대한 믿음과 불신이라는 두 가지 선택 사항만 있다고 가정한 데 있는데, 이는 가톨릭 버전이라 할 수 있다. 사실 내기에 수많은 다른 신을 넣을 수 있다. 그 신들은 인간이 믿건 안 믿건 상관하지 않는다.

철학자만 이런 사유의 오류를 범하는 게 아니다. 다양한 사람들이 비슷한 오류를 범한다. 비록 파스칼의 내기처럼 잘 정돈된 형식은 아닐지라도 말이다. "만약 당신이 틀렸다면 어떻게 되는가?"는 무신론자와 불가지론자가 신앙인들과 토론을 벌일 때면 직면하는 문제다. 한 교인은 신이 존재하는지 모르겠지만 확실한 편에 서기 위해 매주 일요일 교회에 간다고 한다.

거짓 트릴레마

두 가지 이상 중 하나를 선택할 수 있는 경우에도 거짓 주장을 할 수 있다. 트릴레마^{trilemma}는 세 가지 선택 중 하나를 선택할 수 있다고 가정하는 상황이다. 가장 악명 높은 트릴레마는 학자 겸 소설가인 C. S. 루이스가 제시한 것이다. 루이스는 예수는 '주‡, 광인, 거짓말쟁이' 중 하나라고 말한다. 가능성을 세 가지로 제한하면서 청중 혹은 독자가 기분 나쁘지 않은 선택을 하게 한다. 누가 예수는 광인 혹은 거짓말쟁이였다고 주장하길 원하겠는가?

물론 비판적으로 사고하는 사람에게는 바로 선택을 세 가지로만 제한할 수 없음이 확연히 보일 것이다. 선택을 위해 제공될 수 있는 더 많은 가능성이 있는데, 이를테면 '신화적 인물'이라고 하는 것이다. 루이스의 주장은 비신앙인을 향한 것이 아니다. 그의 주장은 복음서의 이야기를 폭넓게 받아들이면서도 예수를 신이 아니라 윤리적 현자로서 받아들이는 사람과 그 논의에서 신앙의 주춧돌을 발견해야만 한다고 생각하는 신앙인을 향한 것이다.

31
스코틀랜드인의 역설

전제 1: A는 집단 X에 속한다.

전제 2: A는 집단 X의 일원으로서 갖춰야 하는 특성에 부합하지 않는다.

결론: 그러므로 A는 집단 X의 진정한 일원이 아니다.

"진정한 스코틀랜드인이 아니다"라는 발뺌하는 논증 형식은 철학자 앤터니 플루에게서 유래한다. 1975년 출간한 《생각에 관한 숙고Thinking about Thinking》에서 플루는 영국 시드컵Sidcup에서 발생한 정신 나간 성폭행자의 행위에 관한 신문 기사를 읽고 스코틀랜드인이 보인 광신적 애국주의 태도를 가상해 서술했다. "스코틀랜드인이라면 그런 행동을 하지 않는다"라고 한 스코틀랜드인이 격앙해 말한다. 그러나 그는 다음 일요일에 신문에서 어떤 스코틀랜드인이 애버딘에서 저지른 더 극악무도한 범죄에 관해 읽게 된다. 이 기사는 스코틀랜드인이라면 그런 행동을 하지 않는다는 주장과 모순된다. 그런데도 광신적 애국주의자인 그 스코틀랜드인은 다음과 같이 주장한다. "진정한 스코틀랜드인은 그런 일을 하지 않아!" 다시 말해 애버딘 사건은 스코틀랜드인이 저지른 범죄일 수 있지만, 진정한 스코틀랜드인은 그런 일을 하지 않을 것이므로 진정한 스코틀랜드인일 수 없다는 뜻이다.[20]

비슷한 논증이 누군가가 종교를 떠난 이유를 설명하는 데 사용된다. "그는 올바른 기독교인이 아니었습니다. 예수님을 마음에 품지 않았습니다. 예수님과 인격적 관계도 맺지 않았습니다. 그는 실제로 구원받은 사람 중에 포함되지 않았습니다."

스코틀랜드인 오류는 다른 데서도 볼 수 있다. 한 토론자가 공산주의는 최고의 사회 체제라고 확신에 차서 말한다. 이에 소련에서 망명한 토론자가 "저는 공산주의 치하의 삶을 알고 있고 그 때문에 반공산주의자가 되었습니다"라고 반박한다. 그러자 공산주의를 옹호하는 토론자가 다시 반박한다. "하지만 소련은 진정한 공산주의 국가가 아니잖아요."

진정한 스코틀랜드인이 아니라는 논증의 문제는 진정한 스코틀랜드인이나 올바른 기독교인, 진정한 공산주의가 무엇인지에 관해 명확한 정의가 없다는 것이다. 이를 통해 특정의 집단에 관한 주장이 정립될 수 있는데 집단의 일원이 해당 주장에 상응하지 못하면 그를 집단에 속한 일원이 아니라고 선언한다.

　물론 언제나 그렇지는 않다. 실제로 명확하게 규정된 집
단도 있다. 누군가가 이런 정의된 집단에 상응하지 않으면
애석하게도 오류를 범하지 않고서는 사실상 그를 집단의 일
원으로 간주할 방법이 없다. 가령 채식주의자는 고기를 먹
지 않는 사람으로 정의된다. 페터가 스테이크를 먹는 것을
봤다면 "페터는 진정한 채식주의자가 아니다"라고 정확하
게 결론을 내릴 수 있다.

32

32

분할

전제 1: 여러 부분으로 이루어진 A에는 X라는 속성이 있다.

전데 2: B는 A의 일부다.

결론: 그러므로 B에는 X라는 속성이 있다.

분할 오류는 구성(혹은 결합) 오류와 반대다. 전체에서 개별 부분을 유추한다.

> 미국의 교육 제도는 대부분 다른 선진국에 비해 좋지 않다. 그러므로 지미는 미국에서 확실히 좋은 학교 교육을 받지 못했을 것이다.

> 어쨌거나 미국의 교육 제도는 다른 선진국에 비해 좋은 성과를 내지 못한다는 사실에서 미국의 모든 학교가 그렇다

분할

고 유추하는 것은 오류다. 미국에도 좋은 교육 제도를 가진 학교가 있기 때문이다.

"체크는 종교가 있나요?"
"튀르키예는 이슬람교 국가니까 체크도 분명 이슬람교도 일 거예요."

모든 튀르키예인이 이슬람교도일까? 물론 사실이 아니다. 튀르키예에도 종교적 소수자들과 무신론자들이 있기 때문 이다.

D는 유능한 웹 개발자 팀에서 일했습니다. 그러니까 D를 채용해야 합니다.

팀의 역량이 높았다고 해서 팀의 일원 하나하나가 모두 유능한 것은 아니다.

33

구성

전제 1: 모든 A는 X라는 특성이 있다.

전제 2: B는 여러 A로 구성된다.

결론: 그러므로 B도 특성 X를 지닌다.

구성 오류에는 전체가 개별 부분과 같은 특성을 갖는다는
생각이 깔려 있다.

　각 요리사는 요리의 장인이죠.
　그래서 그들이 함께 요리해 매우 탁월한 요리를 식탁에
　가져다줄 것입니다.

　이 추론은 반드시 진실이 아니다. 속담이 말해주듯 요리
사가 많으면 수프를 망치기도 한다.

한 축구 클럽은 순위를 높이기 위해 뛰어난 선수로 11명을 채운다.

한 기업은 수준 높은 전문성을 갖춘 직원을 고용한다.

축구 선수 하나하나가, 직원 하나하나가 능력이 뛰어나다고 해서 이들이 모여 강력한 팀을 이룰 수 있는 것은 아니다.

저축하는 사람은 자신의 상황을 개선할 수 있다.

모두가 저축하면 모두가 더 잘 될 것이다.

모두가 저축하면 경기 침체로 이어질 수 있다. 저축의 결과로 실업이 증가하고 이자율이 떨어져 대다수가 손해를 볼 수 있다.

34

낮은 확률

전제 1: 사건 A가 일어날 확률은 매우 낮다.

전제 2: 사건 A가 일어났다.

결론: 그러므로 사건 A의 발생은 특별한 설명이 필요하다.

이 오류 추론은 도박사의 오류와 마찬가지로 확률에 관한 이해 부족에서 시작된다. 낮은 확률의 사건이 발생하면 설명을 구하게 된다.

로또는 49개 숫자에서 6개를 뽑는데, 6개 모두를 맞출 확률은 1,398만 3,816분의 1, 즉 0.00000715퍼센트다. 로또를 하는 많은 사람은 이렇게 낮은 당첨 확률을 인식하지 못하거나 의미를 모른다. 하지만 대부분은 로또를 할 때 당첨될 가능성이 매우 희박하다는 사실 정도는 알고 있다. 누군가 당첨되는 일이 발생하면 "왜 그 사람이 당첨되었을까?"

하고 많은 사람이 궁금해한다.

낮은 당첨 확률에도 1등 당첨자는 독일에서만 1년에 수백 명에 달한다. 당첨자는 "왜 나지?" 혹은 "왜 저 사람이 당첨된 거야?"라고 물을 수도 있다. 이때 당첨 원인을 확률이 아니라 다른 것으로 설명하려 할 때 오류가 발생한다. 행운의 숫자나 신의 사랑 또는 천운을 운운하는 식으로 말이다.

로또 외에도 우리는 "왜 나는 불행에서 살아남았을까?", "왜 벼락이 우리 집에 떨어졌지?" 등과 같이 일어나기 힘든 사건의 발생에 대한 설명을 구하려 한다.

에르타 숙모를 생각하고 있었는데 그때 전화가 울렸다. 바로 에르타 숙모였다.

이 예는 초감각적 현상을 설명하는 데 종종 거론된다. 사실 누군가(A)를 생각하고 있을 때 바로 그 사람이 우리에게 연락할 확률은 매우 낮다. 반면에 우리가 A를 생각하는 횟수는 매우 많을 가능성은 크다. 이럴 때 대부분은 이후에 A에 관해 어떤 소식도 듣지 못한다. 확률은 낮지만 실제로 A가 이후에 연락해오는 일이 간혹 발생한다. 그렇다고 드문 사건은 초능력의 증거가 될 수 없다.

지구 생명체는 수많은 우연이 겹친 결과라는 말을 듣는다. 지구는 생명체가 존재하기에 너무 덥지도 춥지도 않은 거리를 두고 태양 주위를 돈다. 지구에는 흔들림을 방지하는 중력이 있다. 또한 지구는 상대적으로 큰 위성인 달을 가지고 있어 조수가 밀물과 썰물을 되풀이한다. 특정한 자연 상수가 관찰할 수 있는 우주 상태를 가능하게 하는 정확한 값을 갖는 사태를 '미세 조정'이라고 말한다. 어떤 사람들은 과대망상적 발상으로 우리가 지구에서 알고 있는 것처럼 우주가 생명체에게 맞게 미세 조정되었다고 결론 내린다. 그러나 특정 시간 동안 우주의 극도로 작은 부분에서만 생명을 유지할 수 있음을 고려하면 미세 조정 논증은 전혀 설득력이 없다. 이 논증은 매우 작은 가능성이 있는 사건에 특별한 의미를 부여하려는 시도다. 왜 하필 우릴까?

35
갈릴레오 카드

전제 1: 누군가가 생각 때문에 박해를 받거나 조롱을 당한다면, 이는 그 생각이 옳다는 증거다.

전제 2: A는 생각 때문에 박해를 받거나 조롱을 당한다.

결론: 그러므로 A의 생각은 틀림없이 옳다.

갈릴레오 카드는 종교 재판에 부쳐진 갈릴레오 갈릴레이가 받은 박해와 관련이 있다. 갈릴레오는 태양 중심적 세계관에 반하는 자신만의 이론이 있었다. 갈릴레오의 이론은 전통 기독교 사상과 모순되어 교회와 갈등을 빚었다. 오늘날 갈릴레오 카드를 쓰는 사람들은 아웃사이더들일 것이다. 현대의 '갈릴레오'는 틀에 얽매이지 않는 생각으로 인해 '정통' 학문과 '주류'에 박해를 받거나 조롱을 당한다(물론 조롱도 일종의 박해다). 저항을 받는다는 것은 그들 견해가 옳음을 의미한다. 그렇지 않으면 왜 정통파들이 그들의 생각을 그렇게 취급하겠는가?

누구보다도 사이비 과학과 음모론, 대체 의학의 대표자들이 갈릴레오 카드를 사용한다. 많은 과학자와 발명가는 한때 아웃사이더였고 주류에 맞서야 했다. 하지만 오늘날 그들의 생각은 널리 인정받고 있다. 한 작가가 책에 다음과 같이 썼다. "아인슈타인 역시 상대성 이론으로 처음에는 저항에 부딪혔다. 에리히 폰 데니켄Erich von Däniken(스위스 고고학자. 인류 고대 문명이 외계 생명체에게서 영향을 받은 것이라고 주장한다-옮긴이)도 아인슈타인처럼 언젠가는 인정받을 것이다."

아웃사이더 중 몇몇은 옳고 결국에는 그들이 마땅히 받아야 할 인정을 받는 것은 사실이다. 그렇다고 해서 이해하기 힘든 생각을 주장하는 모든 사람이 미래의 갈릴레오는 아니다.

칼 세이건은 《브로카의 뇌》에서 소위 잘못 인식된 천재에 관해 다음과 같이 말한다. "몇몇 천재는 웃음거리였다는 사실은 웃음거리가 된 모든 사람이 천재라는 뜻은 아니다. 콜럼버스를 비웃고, 풀턴을 비웃고, 라이트 형제를 비웃었다. 하지만 그들은 광대 보조Bozo를 보고도 비웃었다."[21]

36
결과의 독단

전제 1: 다른 생각이나 사상은 다른 결과를 가져올 수 있다.

전제 2: X는 원하는 결과를 얻을 것이다.

결론: 그러므로 X는 틀림없이 옳아야 한다.

초심리학적 현상에 관한 토론에서 한 대담자가 이렇게 말한 적이 있다. "그것이 없다면 나는 살고 싶지 않을 겁니다."

한 여성은 가까운 미래에 구원받은 사람을 구름 위로 들어 올리는 휴거를 통해 예수를 만나게 될 것이라는 믿음을 다음과 같이 토로했다. "휴거가 없다면 나는 이생에 희망이 없었을 것입니다."

어떤 주장이나 견해가 다른 경우 반드시 나쁜 결과로 위협받기 때문에 옳아야 한다는 말을 드물지 않게 듣는다. "신이 없다면 도덕도 희망도 삶도 의미가 없을 거야!"라고 말한다.

많은 개신교도는 예수의 역사성을 부정한다면 빌라도나 카이사르의 역사성도 부정해야 한다고 주장한다.

긍정적 결과를 희망하고 부정적 결과를 두려워하는 것은 정당하기도 하고 정당하지 않기도 한다. 그렇다고 한 사태가 참인지 거짓인지에는 영향을 미치지 않는다. 진실에 관심이 있으면 오로지 사실만을 고려해야 하고 한 인식이 초래할 결과는 고려하지 말아야 한다.

정당화된 결과

결과를 지적하는 것이 항상 오류는 아니다. 전적으로 정당화될 수 있다.

증세는 나쁘다. 결과적으로 경제 성장을 늦추고 실업률이 높아지기 때문이다.

이 진술은 참일 수도 거짓일 수도 있지만, 증세가 나쁘다는 주장의 옳고 그름을 결과로 확인할 수 있으므로 논리적으로 오류 추론은 아니다.

"신이 존재하지 않는다면 신을 발명해야 한다"라는 볼테르의 말이 가끔 인용된다. 신의 상벌은 사회가 제대로 작동하는 데 필요하다는 프랑스 계몽주의자의 생각이다. 볼테르는 《철학 사전》에서 다음과 같이 말했다. "당신이 같은 사회에 사는 누군가에 돈을 빌려주었다고 한다면 당신의 채무자, 소송대리인, 공증인, 판사가 신을 믿지 않는 사람이었으면 좋겠는가?"[22]

볼테르의 주장을 일종의 신의 존재 증명으로 본다면 오류추론이 되는 것이다. 볼테르는 신앙이 인간 행동에 어떤 영향을 주는지를 지적한 것이다. 그의 주장은 옳을 수도 그를 수도 있다. 그런데도 이 철학자는 오류를 범하지 않았다. 신앙의 필요성을 정당화하려 했기 때문이다.

논점 일탈

토론에서 주장 A가 제기된다.

상대방에서 B를 주장해 A에 관해 반박하지만, B는 A와 관련이 전혀 없다.

논점 일탈ignoratio elenchi(논점 무지, 반증 모름)의 오류는 아리스토텔레스가 꼽은 표현 방식에서 기인하지 않는 7가지 오류 중 하나다. 논자가 원래 논증에 관해 논리적으로 반박하는 데 무지하다는 뜻이다. 오늘날 자주 사용되는 훈제 청어 오류의 변형된 형태로 '관련 없는 주장'이다.

상대방을 그릇된 길로 유도하는 훈제 청어 오류와 다르게 논점 일탈의 오류에서는 반박 그 자체는 참일 수 있어도 본래 질문과 관련 없는 주장이 제기된다. 그래서 이런 오류를 '논제를 오해'한 것으로 지적할 수 있다. 다음 예가 이를 분명히 보여준다.

진화론에 관한 토론에서 창조론자가 다윈주의는 많은 사람의 행동에 그릇된 영향을 끼친다고 주장한다. 이 창조론자는 옳을 수도 그를 수도 있으며 진화론을 거부할 근거로 충분하다고 확신한다. 하지만 진화론의 타당성을 묻는 본래 질문에 대한 대답으로는 부적절하다.

논점 일탈의 오류는 왜곡이나 궤변과 구별할 수 없다. 다음 예처럼 부적절한 추론으로 이끄는 오류가 있다. 신 존재에 관한 토론에서 신이 없다면 도덕도 없을 것이라고 주장하는 경우가 더러 있다. 아무도 지옥을 두려워하지 않거나 천국을 바라지 않는다면 누구나 살인, 강간, 절도 등과 같이 무엇이든 하고 싶은 대로 할 수 있을 것이다. 이와 같은 추론에서는 일관성의 문제가 지적된다. 신이 존재하느냐 안 하느냐 하는 문제와 무관하다. 게다가 사회적 행동의 원인을 신앙에서 찾는 것도 잘못이다.

38

인과 환원주의

전제: A는 B의 여러 원인 중 하나다.

결론: A는 B의 원인이다.

인과 환원주의는 '단일 원인 오류', '환원 오류 추론'이라고
도 불린다. 사건에는 여러 원인이 있을 수 있는데, 어떤 원인
은 사소하고 어떤 원인은 중요하다. 여기서 오류는 사소한
원인을 중요하다고 보거나 결정적으로 볼 때 혹은 많은 원
인 중 단 하나의 원인을 선택해 사건을 설명하려 할 때 발생
한다. 논쟁 중에 이런 오류는 자신의 근거를 마련하려고 의
도적으로 사용되곤 한다.

정부는 청소년의 여가 활동의 확대가 범죄율 감소로 이어
져 큰 성과를 거둔 것으로 보고 있다.

이 주장이 전적으로 틀린 것은 아닐 것이다. 그렇지 않았다면 거리를 배회했을지 모를 젊은이들이 의미 있는 일을 추구하게 되었기 때문이다. 하지만 이 경우 단속 강화나 교육 환경 개선, 출생률 감소와 같은 다른 요인들이 범죄율 감소에 더 큰 영향을 미쳤을 수 있다.

인과 환원주의 오류는 대중 매체, 동네 술집 모임, 독자 편지, 인터넷 댓글에서 흔하게 볼 수 있다. 일반적으로 심사숙고가 부족한 상태에서 토론이 이루어지면 저지르게 되는 오류이기도 하다. 미국은 종교적 근본주의를 수출하고 있다는 말을 종종 듣는다. 여기서 오류는 미국 선교사를 기독교 근본주의 확장의 결정적 요인으로 보는 데 있다. 미래에 대한 불안, 교육 부족, 현대화 반대, 단순한 세계관 추구 등과 같은 요인들이 더 중요한 역할을 했을 수도 있다.

세 번째 걸프전이 발발하기 전에 미국이 사담 후세인을 더 중요한 인물로 만들었다는 글을 본 적이 있을 것이다. 이 주장의 목적은 미국의 위선적 정책을 비난하는 데 있다. 먼저 독재자를 원조하고 다음에 그를 제거한다는 것이다. 그 근거로 이라크와 이란이 전쟁하는 동안 미국과 사담 후세인의 관계가 정상화되었다는 사실을 가져다 댄다. 하지만 미국은 사담 후세인의 권력을 공고히 하고 군사력을 강화하는 데 단지 미미한 역할만 했다.

인격적 환원주의

사건 혹은 사회적 발전에 관한 설명이 몇몇 소수의 영향력으로 환원되기도 한다. 헬무트 콜 시대 독일이나 미테랑 시대 프랑스, 레이건 시대 미국 등에 관한 기사를 보면 정부 수반 혹은 국가 원수들이 실제로 가지고 있지 않은 영향력을 가지고 있다고 여겨지곤 한다. 심지어 국민의 삶에 대한 태도조차 그들에 의해서 만들어진다고 한다. 예를 들어 마거릿 대처가 영국을 탐욕과 이기주의로 물들였다는 식이다. 그러한 주장은 사회적, 정치적 과정이 어떻게 진행되는지에 대한 무지를 드러내는 데서 그치는 것이 아니라 더 나아가 구원자와 초인적 악마로 대별되는 단순한 세계관을 증명하는 것이기도 하다.

39
복합 질문

전제: 질문 F는 세부적으로 질문 F1, F2, F3으로 구성된다.

결론: F에 대답하면 모든 세부 질문에 대답하는 것이다.

복합 질문 오류는 몇 가지 질문을 하나로 만들어 묻고 이에 긍정하거나 부정하면 그것을 전제로 결론을 끌어내는 것이다. 아리스토텔레스는 복합 질문을 수사학적 장치로 사용했다.

예를 들어 "백신 접종에 찬성합니까? 그럼 제약 회사들의 탐욕에 동조하는 건가요?"라는 물음은 안티 백서들이 자주 하는 질문이다. 두 질문을 한 질문으로 연결해 백신 접종을 찬성하면 제약 회사들이 높은 수익을 내는 데 동조하는 것으로 간주하겠다는 뜻이다. 실로 여러 요점에 각기 대답해야만 하는 복합 질문이다.

"학교서 자기 의견을 가질 수 있게 논쟁적 주제를 다루는 데 찬성합니까?" 이는 학교에서 창조론을 가르치길 원하는 창조론자들이 만든 질문이다. 학교에서 논쟁적 주제를 다루는 데 반대할 사람이 누가 있을까? 하지만 어떤 논쟁적 주제인지, 어떤 과목에서 다루어야 하는지 물어야 한다. 사람들은 대부분 자연 과학에는 그 나름의 영역이 있으며 어떠한 신비주의적 접근을 해서도 안 된다는 데 동의할 것이다. 마찬가지로 수업에서 역사학의 대안으로 음모론을 다루어도 안 된다.

유도 질문

무언의 가정 혹은 중상中傷을 포함하는 유도 질문은 복합 질문이 변형된 형태다. 아주 전형적인 예가 "이제 부인을 폭행하지 않습니까?"와 같은 질문이다. 이 물음에 "예"라고 답해도 "아니오"라고 답해도 부인에 대한 폭행을 인정하는 셈이 된다. 이는 상대방이 부인에게 폭력적이었음을 전제하고 묻는 말이다.

또 다른 예는 "새해부터 어떤 악행을 안 하기로 했습니까?"이다. 이 질문은 다음 세 가지를 가정한다.

1. 악행 같은 것이 존재한다.
2. 상대방은 적어도 하나의 악행을 해왔다.

3. 상대방은 그 악행에서 벗어나겠다고 결심했다.

따라서 "악행이 있다고 생각하는가?"라고 묻고 그렇다고 답하면, "당신도 악행을 저지른 적이 있습니까?"라고 물어야 한다. 이에 그렇다고 답하면, "새해부터 그런 악행을 저지르지 않겠다고 결심했나요?"라고 묻고 이에 답하면, 마지막으로 "어떤 악행을 안 하기로 했습니까?"라고 물어야 타당한 질문이 된다. 복합 질문에 대한 적절한 반응은 복합적으로 답하는 것이다.

40
결합

전제: A와 B의 가능성이 더 크거나 B의 가능성이 더 크다.

결론: A와 B의 가능성은 더 크다.

결합 오류는 개별적 요소를 잘못 결합해 더 큰 가능성이나 개연성을 부과할 때 생긴다.

> 진술 A: 휴가로 차량이 증가해 여름에는 가을보다 고속도로가 더 자주 막힌다.
>
> 진술 B: 고속도로는 가을보다 여름에 더 자주 막힌다.

진술 A는 일반적으로 진술 B에 더 큰 개연성을 부과한다. 진술 A에는 두 요소, 즉 휴가로 인한 차량 증가와 여름 고속도로에서의 교통 체증의 관계가 연결되어 있기 때문이다.

하지만 진술 B는 휴가뿐만 아니라 늘어난 도로 건설로 교통 체증이 증가할 수 있어 사실상 개연성이 더 크다.

다음은 약간 변형된 결합 오류다. 양로원에 한 사람이 입소했다. 이때 그 입소자가 남자일 가능성은 40퍼센트고 보조기가 필요할 가능성은 5퍼센트다. 그렇다면 남자면서 보조기가 필요할 가능성, 즉 두 가지 특성을 동시에 지니고 있을 가능성은 어떻게 될까? 결합 오류에 따르면 실제 조사했을 때보다 그 가능성이 더 크게 나온다. 실제로는 단지 2퍼센트에 불과하다.

41
현실 외면

전제 1: 진실이어서는 안 되는 것은 비록 이에 대한 사실이 밝혀져도 진실이 아니다.

전제 2: 주장 A는 진실이어서는 안 된다.

결론: 그러므로 A는 진실이 아니다.

사실(현실) 부정은 매우 간단한 전략으로 토론에서 모든 것이 실패하면 사용된다. 이 전략과 관련한 전형적인 근거 없는 주장은 이렇다. "그렇게 생각하지 않습니다. 그럴 수 없어요. 그건 거짓말입니다." 이처럼 '의도적 무시'를 한다. 사실을 부정하는 주장에는 공격성과 동조자들로의 회귀가 따른다. 다른 사람들의 의견으로부터 스스로를 고립시키기도 한다.

경찰: 따님이 가게에서 절도를 했습니다.

아버지: 우리 딸은 그런 짓을 절대 안 합니다.

경찰: CCTV에 녹화되었습니다.

아버지: 믿을 수 없어요. 절대 받아들이지 않겠습니다.

《난 종교를 잃었다Losing My Religion》에서 가톨릭교회 성추행 사건을 다룬 윌리엄 롭들William Lobdell도 사실 부정 전략과 마주쳤다. 수많은 신앙인은 죄를 지은 신부가 어린이를 성추행한 사실을 받아들이는 대신 희생자에게 죄를 덮어씌웠다. 일부 부모는 심지어 자신의 아이가 신부를 유혹했다고 아이를 질책하기도 했다.[23]

42
도덕적 분노

전제 1: 자신의 가치관과 세계관에 반하는 것은 도덕적으로 비난받을 만하다.

전제 2: X는 자신의 가치관 혹은 세계관에 반한다.

결론: 그러므로 X는 도덕적으로 비난받아야 한다.

도덕적 분노는 연상 오류와 비슷하다. 이 오류에서 상대방을 비난하는 이유는 논리적 오류나 잘못된 주장 때문이 아니라 토론자 개인의 가치관과 세계관에 반하기 때문이다. 토론에서 상대방을 반대 논거로 반박하지 않고 개인적 분노로 반박하려 한다. 하지만 도덕적 분노는 다른 사람에게 영향을 끼치거나 상대방을 주눅 들게 하여 합리적 주장을 할 수 없게 하는 전략으로 이용될 수 있다. "그런 주장은 상당히 무례한 것입니다!", "정말 뻔뻔하군요!", "믿을 수 없는 사람이네요!" 등이 도덕적 분노를 전형적으로 표현한 말이다.

신경과학자이자 종교 비판자 샘 해리스는 저널리스트 크리스 헤지스와의 토론에서 일부 이슬람 사회에서는 젊은 이들의 자살 폭탄 테러를 찬양하는 경우가 많다는 점을 지적했다. 그러면서 자살 폭탄 테러범의 부모들은 이제 자녀가 천국에 있다고 믿으며 사람들에게서 축하까지 받는다고 말했다. 그러자 크리스 헤지스는 어떤 반론도 제기하지 못하고 "인종차별입니다!"라고 소리치며 분노만 표했다.[24]

리처드 도킨스는 생물학 강의에서 과학을 가르쳐야지 창조론을 가르쳐서는 안 된다고 생각하는데, 빌 오라일리는 이를 두고 파시즘이라고 비난한다.[25]

"내 할아버지는 원숭이가 아닙니다!"는 진화론을 거부하기 위해 창조론자들이 가끔 하는 말이다. "여기서 나가세요!"는 리처드 도킨스가 인터뷰 뒤 테드 해거드Ted Haggard 목사에게 들은 말이다. "당신은 내 아이들을 동물이라고 했습니다!"[26] 더 이상 논쟁할 수 없었다.

43

자연주의

전제 1: 자연적인 것은 좋으면서 옳다.

전제 2: X는 자연적이다.

결론: 그러므로 X는 좋으면서 옳다.

누가 자연을 거스르겠는가? 자연적인 것은 분명 옳다. 그래서 자연식품, 자연 재배, 천연 화장품, 천연 염색제, 천연 세제, 자연 분만 등이 있다. 반면 자연적이지 않은 것은 인공 색소, 인공 비료, 부자연스러운 행동 등과 같은 부정적 함의를 갖는다.

　자연적인 것을 선과 동일시하면 가장 기이한 꽃이 피어난다(보통 철학에서 '자연주의적 오류'는 사실 판단과 가치 판단의 혼동에서 발생하는 오류다. 즉 사실 판단에서 가치 판단을 추론할 때 발생한다—옮긴이). 예를 들어 한 독자는 장출혈성 대장균 감염증의 발발에 관한 기사를 읽고 모든 박테리아는 원래 유익한 역할을 했으며 인간의 영향을 받아 위험하게 되었다고 주장한다. 식물의 유전자 조작에 관한 토론에서 한 참여자는 자연을 거스르는 행위가 부정적 결과를 초래한다고 말한다. 그러면서 유럽인들이 아메리카 대륙으로 건너가 옮긴 질병이 원주민 수백만을 죽음으로 내몰았다고 지적한다. 배로 대서양을 건너간 것이 자연을 거스른 행동이었다고 한다. 유럽인들은 대륙에 머물러 있어야만 했다고 주장한다. 사냥에 관한 토론에서도 한 참여자가 사냥은 인간의 본성이며 사냥 충동을 느끼지 못하는 사람은 무언가가 부족한 것이라고 발언한다.

자연 그대로의 생산물이 무조건 몸에 좋은 것은 아니라는 점은 알광대버섯을 먹어보면 쉽게 알 수 있지만 치명적일 수 있다. 과거에는 그런 자연 친화적 삶이 건강과 동의어가 아님을 깨닫기 위해 몸소 체험해볼 필요가 없었다. 영유아 사망과 질병 및 조기 사망은 삶이 얼마나 불안정한지 끊임없이 상기시켜주었다.

자연적 파라다이스

자연적인 것만 마음에 담아둔다면 많은 해악에서 벗어날 수 있다는 믿음이 한때 널리 퍼졌었다. 인간의 자연 상태가 존재하며 이 상태에 가까이 갈 수 있다는 생각이 믿음의 바탕이 되었다. 프랑스 철학자 장 자크 루소(1712~1778)는 인간은 자연 상태에서 행복하고 타락하지 않는다고 주장했다. 과학과 기술의 발전과 함께 문명이 인간을 불행하고 타락하게 만들었다는 뜻이다. 루소에게 자연 상태는 단지 가설에 불과했다. 하지만 많은 사람이 자연적 파라다이스를 믿었다. 가령 문명으로 타락하기 이전의 아메리칸 인디언 등의 원주민들처럼 다시 자연과 조화를 이루자는 구호는 히피와 환경 운동가들의 기치가 되었다.

인간의 과거 자연 상태를 믿는 사람들은 인간이 자연과 조화를 이루며 살았던 그 시대에 이르려면 역사를 얼마나 거슬러 올라가야 하는지에 대한 질문에 직면했다. 자연 상태의 신화시대를 어디서 발견할 수 있을까? 산업화 이전이나 아니면 고대로 가야 할까? 농업과 축산업은 자연을 거스르는 것으로 간주해야 할까? 정착하기 전 수렵과 채집 생활이 더 자연스러운 상태일까?

자연과 윤리

자연주의 오류 추론은 종종 윤리적 논쟁과 결합해 나타난다. 기독교인들은 '자연적 관계'를 '반자연적 관계'로 바꾼 사람들은 신약에서처럼(로마서 1장 26~27절) 잘못에 대가를 치를 것이라고 한다. 적지 않은 기독교인들이 이 신약을 근거로 동성애 반대를 정당화한다. 반대로 동성 커플의 권리를

옹호하는 사람들은 종종 동성애가 전적으로 자연스러운 것
이라고 주장한다.

자연은 무엇보다 윤리 문제에 대한 기준으로 적합하지 않
다. 무엇이 자연스러운 것인가? 무엇이 이기적 행위이고, 무
엇이 이타적 행위인가? 잔인하거나 공감하는 것은 인간 본
성의 문제인가? 물론 둘 다 인간에게서 발견할 수 있다. 하지
만 무엇이 진정으로 자연적인 행동인지 확인할 수 있을지라
도 거기서 윤리 원칙을 추론할 근거는 존재하지 않는다.

44

도덕주의

전제 1: 좋은 것은 또한 자연스러운 것이다.

전제 2: X는 좋지 않다.

결론: X는 자연스럽지 않다.

'도덕주의 오류'라는 용어는 생물학자 버나드 데이비스 Bernard Davis가 1978년 학술지 〈네이처Nature〉에 게재한 논문에서 처음 사용했다. 이를 동물학자 맷 리들리Matt Ridley는 '역자연주의 오류reverse naturalistic fallacy'라고 불렀다.[27]

자연주의 오류는 자연적인 것은 역시 옳다는 데서 출발하는 반면에 도덕주의 오류는 당위가 자연스럽다고 가정한다. 예를 들어 모든 인간은 어디서나 평등하게 대우받아야만 한다는 신념이 지지를 받지만, 이 주장으로 가끔 모든 인간은 같다는 오류가 생겨난다. 현실에서 이 신념이 맞지 않는다면 자연 상태에서 벗어났기 때문이다. 부자연스러운 조건만 제거하면 평등 상태가 회복된다.

당위: 모든 인간은 평등한 지적 능력을 갖춰야만 한다.
사실: 지능 검사로 다양한 지적 능력을 조사한다.
결론: 그 무엇(예를 들어 아동기와 청소년기를 구분짓는 상태) 이 자연적 평등을 방해하는 게 틀림없다.

당위: 탐욕과 경쟁심은 잘못이고 부자연스럽다.
사실: 사람들은 서로를 넘어서려 한다.
결론: 사람들을 경쟁자로 만드는 사회 체제 혹은 경제 체제가 존재함이 틀림없다.

45

매개념 부주연^{不周延}의 오류

전제 1: 모든 A는 B이다.

전제 2: 모든 C는 B이다.

결론: 모든 C는 A이다.

매개념은 삼단논법에서 두 전제에서 발생하는 개념으로 정의된다.

> 모든 고양이는 동물이다.
> 호랑이는 고양이다.
> 그러므로 호랑이는 동물이다.

이 예에서 매개념은 '고양이'다. 삼단논법이 타당하려면 매개념이 적어도 전제 중 하나에 분배되어야만 한다. '분배되어' 있다는 것은 매개념이 대변하고 있는 집합의 모든 요소에 적용됨을 의미한다. 예에서 첫 번째 전제 '모든 고양이'는 집고양이, 검은 고양이, 밍카라는 이름의 고양이에 해당한다. '고양이'라는 집합의 요소는 동물이다. 호랑이 또한 고양이로 간주하기 때문에 이미 두 번째 전제에서 보듯이 호랑이도 동물이라는 명제는 그래서 참이다.

- 규칙

  "모든 A는 B다"라는 명제에서 A라는 개념은 분배되어 있다. (앞의 예를 보라.)

  "어떤 A도 B는 아니다"라는 명제에서 A뿐 아니라 B도 분배되어 있다. (예: "어떤 고양이도 개는 아니다.") 이는 A와 B의 모든 하위 개념에 해당하는 명제이기 때문이다.

  "몇몇 A는 B다"라는 명제에서 A도 B도 분배되어 있지 않다. (예: "몇몇 철학자는 유럽인이다.")

  "몇몇 A는 B가 아니다"라는 명제에서 B는 분배되어 있다. (예: "몇몇 장식품은 금으로 되어 있지 않다.")

- 분배되어 있지 않은 매개념에 의한 오류

  공산당의 모든 당원은 혁명가다.

  무정부주의자는 혁명가다.

  그러므로 무정부주의자는 공산당의 당원이다.

이 예에서 매개념은 '혁명가'다. 첫째 전제에서 매개념은 분배되어 있지 않다. 모든 혁명가가 공산당의 당원이 아니기 때문이다. 두 번째 전제에서도 마찬가지로 매개념이 분배되어 있지 않다. '혁명가'의 집합은 무정부주의자들로 구성되지 않기 때문이다. 따라서 결론은 틀린 것이 된다.

몇몇 채식주의자는 날것을 좋아한다.
몇몇 육식주의자는 날것을 좋아한다.
그러므로 몇몇 육식주의자는 채식주의자다.

여기서 결론의 모순은 명백하다. 두 전제는 옳지만 매개념인 '날것을 좋아한다'는 분배되어 있지 않다.

분배되지 않은 매개념을 가진 모든 주장은 잘못된 주장이다.
이 주장은 잘못된 주장이다.
그러므로 이 주장은 분배되지 않은 매개념의 주장이다.

'잘못된 주장'이라는 매개념이 여기에서 분배되지 않았다. 주장이 분배되지 않은 매개념을 갖는다는 결론은 옳지만, 논리적으로 전제에서 결과가 나오지 않는다.

매개념 부주연의 오류

무관한 추론

전제 1: A라면 B다

전제 2: A다.

결론: C다.

라틴어 논 세쿼터^{non sequitur}(귀결되지 않는다)는 전제에서 도출할 수 없는 결론에 도달할 때 발생하는 오류다. 전건 부정과 후건 긍정 등이 무관한 추론에 포함될 수 있다. 이 오류는 도출된 결론에서 상대방이 전제와의 연관성을 인식할 수 없게 할 때 등장하는 일상적인 방법이다.

A: 신을 믿습니까?

B: 아니요!

A: 꽃, 하늘을 나는 새, 자연의 아름다움이 보이지 않나요?

이런 일상적 사용에서 불합리한 추론은 주장을 뒷받침하는 데 필요한 원인의 개념이 불확실할 때 종종 제기된다.

> 루시아: 결혼은 국가와 종교가 창조한 제도야.
> 랄프: 아닐걸, 결혼은 그런 제도가 아니야. 인간의 짝짓기는 국가와 종교보다 더 오래됐거든.

인간의 짝짓기가 국가와 종교보다 더 오래되었다는 말은 사실이지만 여기에서 결혼이 국가나 종교 제도가 아님을 추론할 수 없다. 짝짓기와 결혼은 같지 않기 때문이다.

47
개인적 선호

전제 1: 어떤 주장이 마음에 들면 참이고 마음에 들지 않으면 거짓이다.

전제 2: A가 마음에 든다.

결론: A는 참이다.

공개 토론에서는 보기 힘든 일이지만 사적 대화에서 다음과 같은 발언들을 들을 수 있다.

"이 이론이 마음에 드네!"

"혐오스러운 논쟁이야!"

"이 주장은 도저히 믿을 수 없어."

"이 생각은 마음에 안 들어."

"내 생각엔 그의 주장은 아무튼 매혹적인 것 같아."

우리가 무언가를 좋아하는 데는 편견이나 질투, 개인적 이점, 이데올로기, 종교적 세계관 등과 같은 많은 요인이 관련될 수 있다. 예를 들어 조지 부시를 악의 총체로 본 사람은 그에 대한 음모론을 받아들일 준비가 되어 있다. 그렇지 않아도 이미 반미 감정을 품고 있던 사람은 마이클 무어의 영화를 기꺼이 받아들인다. 이 점에서 개인적 선호로 빚어지는 오류는 감정에 호소하는 논증과 겹친다.

동정과 반감은 주장을 수용하는 데 중요한 역할을 하는 듯하다. 하지만 개인적 선호는 어떤 주장이 옳고 그른 것과는 아무런 관련이 없다.

48

포스트 호크

전제 1: 선행하는 사건이 다음 사건의 원인이다.

전제 2: A가 B에 앞서 일어났다.

결론: 그러므로 A는 B의 원인이다.

포스트 호크(오비이락) 오류는 단일 원인을 대상으로 한다. 이 용어는 라틴어 포스트 호크 에르고 프로프테르 호크 post hoc ergo propter hoc(그것 다음에, 그러므로 그것 때문이다)에서 유래한다. 비록 시간 순서 외에 어떠한 연관성도 증명할 수 없지만 한 사건을 그다음 사건의 원인으로 이해한다.

어제 검은 고양이가 내 앞을 가로질러 갔다. 그다음 바로 내 머리에 나뭇가지가 떨어졌다. 검은 고양이는 불행의 원인임이 틀림없다.

여기서 추정에 이르게 하는 것은 시간 순서뿐이다. 사건의 전후 관계를 인과관계로 잘못 이해한 것이다.

- 카지노의 예
  정말 계속 운이 나빴어요. 그런데 당신이 나타나자 돈을 따기 시작했습니다. 당신이 제게 행운을 가져다준 거예요.

행운의 연속 혹은 불행의 연속에 대한 많은 생각이 포스트 호크 오류 추론에 기반을 둔다. 예컨대 기도 효과도 이 잘못된 추론으로 생긴다. 아픈 사람을 위해 기도한 후 병세가 호전되었다면 기도 때문이라고 생각한다. 어떤 치료도 성공하지 못하면 신에게는 다른 계획이 있다고도 한다.

어제 두통이 있었다. 두통약을 복용한 뒤 곧 나아졌다.

두통 해소에 그 약이 작용했다는 추론이 틀린 것은 아니다. 하지만 두통이 저절로 사라졌을 수도 있다. 가끔 그런 경우도 있기 때문이다. 따라서 약이 유일한 원인일 수는 없다.

우리 아이가 아토피가 있어요. 동종 요법으로 치료해주는 곳에 갔는데 오늘 아토피 증상이 더는 나타나지 않았어요.

동종 요법이 효과가 있었던 것일까? 일종의 플라세보 효과가 아닐까? 아토피 증상은 시간이 지나면 저절로 없어지는 것은 아닐까?

49

합리화

전제 1: 비합리적 입장은 합리적 정당성을 요구한다.

전제 2: B는 비합리적 입장이다.

결론: X는 B를 위한 합리적 정당화다.

때때로 합리적 추론에 따른 결과가 아닌 관점을 취한다. 여기에는 종교, 관습, 이데올로기, 비합리적 결정이나 행위가 포함된다. 제3자에게 비합리적 사건에 관해 소명하려 할 때는 다소 합리적인 정당화가 뒤따라야 한다. 예컨대 유전학자 프랜시스 콜린스는 다윈주의가 인간의 도덕성을 설명할 수 없다는 종교적 믿음을 정당화하기 위해 그 이유를 제시한다. 프랜시스 콜린스는 자신이 본 얼어붙은 세 갈래의 폭포를 가지고 기독교의 삼위일체인 신에 대한 믿음을 정당화한다.

신앙에 대한 합리적 근거를 제시하는 것은 복음의 임무 중 하나다. 성서학자에게 왜 성서의 무오류성을 믿는지 물으면 그는 자신이 확신에 어떻게 도달했는지를 기억해내려고 하지 않고 대신 합리적 논증을 제공하려 노력할 것이다. 성서는 실현된 예언들로 가득 차 있다고 한다. 다시 말해 성서는 '시간 검증'에 성공했다는 것이다. 그러면서 성서는 특별한 통일성을 지니며 어떠한 모순도 없다고 말한다.

특정 집단, '인종', 국가 혹은 정부를 싫어하거나 증오하는 사람들은 자신의 태도에 대개 합리적 근거를 제시한다. 하지만 음모론, 선입견 혹은 거짓은 문제가 된다. 증오의 진짜 원인은 다른 데 있다. 《시온 장로 의정서》와 같은 위서나 부시 정부가 9·11테러의 배후라는 주장은 실제로 비합리적 사고 과정을 은폐하기 위한 수단에 불과하다.

이 합리화는 회의주의자를 확신시킬 수 없을지 모른다. 합리화는 대개 너무 쉽게 간파된다. 그러나 자신은 물론이고 신앙 공동체 동료들처럼 같은 생각을 가진 사람들 앞에서 이성적인 사람이라는 환상을 유지하기에는 충분하다.

역사적 사후 합리화

역사적 사건은 이후 제공되는 설명으로 합리성을 획득하기도 한다. 가장 널리 퍼진 사후 합리화 중 하나는 미국 남북전쟁이 단지 노예 해방을 위한 게 아니었다는 것이다. 남부와 북부의 경제적 차이, 개별 연방 정부의 권리에 견해 차이, 조세 제도 등 때문에 전쟁이 발발했다고 주장한다. 이런 역사 수정주의자의 합리화 과정은 다음과 같은 식이다.

1. 미국 남북전쟁의 결정적 원인이 노예 제도였다면, 남부 연방은 윤리적 관점에서 잘못된 편에 섰을 뿐만 아니라 대다수가 노예 제도를 유지하려는 상류층의 이해관계를 위해 크나큰 희생을 함으로써 자신의 이해관계에 반하는 행동을 한 것이다.
2. 남부 연방의 주민들이 나쁘거나 어리석게 행동한다는 것은 있을 수 없는 일이다.
3. 따라서 남북전쟁에는 노예 제도가 아닌 다른 원인이 있었을 것이다. 이유는….

이런 식의 합리화는 미국뿐만 아니라 유럽의 여러 학교에서 미국 남북전쟁을 정당화하는 데 이용되므로 특별히 주의해야 한다.

개인들의 대화에서도 반유대주의를 정당화하는 말을 종종 들을 수 있다.

왜 유대인은 박해받았는가? 대다수의 어리석은 편견 때문에 박해받았다는 것은 있을 수 없는 일이다. 대부분이 점잖고 어리석지 않기 때문이다. 그러므로 유대인들이 박해를 당할 만한 어떤 일을 했음이 틀림없다.

반유대주의에 대한 합리적 설명은 인간은 항상 합리적이지 않다는 것이다. 그리고 점잖음이란 사실 좁은 공동체 안에서의 행동에는 들어맞을 수 있지만 이민족에 대한 행동에는 적절한 표현이 아니다.

사후 합리화의 또 다른 예로 유럽의 마녀사냥을 들 수 있다. 근대 초기 악마와 계약을 맺고 초자연적 능력을 지닌 사람들이 있다는 믿음이 널리 퍼져 있었다. 이 '마녀'를 배척하는 것은 성서의 명령이었다. 그리고 이 믿음이 수만 명의 목숨을 앗아간 현상의 유일한 이유였다. 마녀사냥을 합리적으로 설명하기 위한 가설이 없지 않았는데 예를 들면 다음과 같다.

 -엘리트들이 다른 사람의 재산을 전유하려 한다.
 -악마의 대한 두려움으로 사람들을 동원해야만 했다.
 -'똑똑한 여자들'을 교회와 엘리트들의 경쟁자로 간주
  했다.
 -마녀사냥을 구실로 이교도들을 박멸해야 했다.
 -버섯, 곰팡이가 핀 빵, 질병으로 집단 히스테리가 발생
  했다.

　이러한 가설 중 어느 것도 실제로 확인되지 않는 한 인간의 비합리성이라는 진부한 설명이 가장 설득력 있는 설명으로 남아 있게 될 것이다.

50
물화

전제 1: 추상적 개념은 실제 존재할 수 있다.

전제 2: A는 추상적인 것이다.

결론: A는 실제 존재하는 어떤 것이다.

추상적인 것을 실제 사건이나 실제 존재하는 객체로 인식하는 오류를 물화 또는 대상화라고도 한다. 잘 알려진 예가 '조국', '모국'과 같은 표현이다. 국가를 물화한 것이다. 이때 비유적 표현일 수도 있지만 물화로의 이행은 유동적이다.

물화는 애매어 오류로 여겨지기도 한다. 용어들이 때로는 추상적 의미로, 때로는 물화된 의미로 사용되기 때문이다. 누군가가 "파터란트Vaterland"라고 한다면 이는 제도를 의미(국가)할 수 있다. 하지만 애국심이 드러나면 국가는 사랑할 수 있는 실제 존재(조국)로 인식되고 있다고 여겨질 것이다.

사실 국가는 실재 대상이 아니라 법률과 혈통의 소산이다.

'어머니 자연'은 추상적인 것이 아니라 실제로 행동하며 심지어 감정이 있는 존재로 여겨진다. 일부 사람들이 다음과 같은 말을 은유로 받아들이지 않고 그대로 믿는다. "지구는 자신에게 행해진 모든 잘못에 복수할 것이다."

물화는 이데올로기에서도 발견된다. '민족', '우리 민족', '우리 종족'은 이러저러한 행동을 요구한다.

소설가 아인 랜드는 무無도 물화될 수 있다고 했다.[28]

－무는 존재에 앞선다.(사르트르)

－무가 무화된다.(하이데거)

－무는 무가치한 것보다 더 실재적이다.(사무엘 베케트)

51
훈제 청어

한 토론에서 주장 A가 제시된다.

주장 B는 주장 A의 방향을 바꾼다.

새로운 토론 대상은 주장 B가 된다.

훈제 청어는 논점 일탈의 한 변형이다. 영어 그대로 레드 헤링red herring이라고도 부른다. 청어를 소금에 절인 후 훈제 건조하면 붉은색으로 변하면서 지독한 냄새가 난다. 일종의 방향 돌리기 전략으로 영국 저널리스트 윌리엄 코빗이 처음 사용한 용어다. 코빗은 훈제 청어로 토끼를 뒤쫓는 사냥개의 방향을 바꾼다고 했다. 코빗은 이 트릭을 언론의 속임수와 비교했다.

토론에서 훈제 청어는 상대방의 주의를 원래 논쟁에서 벗어나 새로운 주제로 돌리는 데 사용된다. 따라서 주제를 빗

나가기도 하고 속이기도 하고 바꾸기도 한다.

안톤: 에스페란토는 이상하고 불필요한 언어야.

리사: 에스페란토는 국제적 의사소통을 위해 고안되었기 때문에 불필요한 언어가 아니라고 생각해.

안톤: 클링온어 Klingon Language (미국 TV 드라마 시리즈 〈스타 트렉〉에 등장하는 클링온족이 사용하는 언어 ─ 옮긴이)와 같이 문법이 까다로운 다른 언어도 존재하잖아.

리사: 문법이 단순해 배우기 쉬운 게 에스페란토의 장점이야.

안톤: 현재 세계에는 6,500개의 언어가 있고, 그중 한두 개의 언어가 매주 소멸하고 있어. 에스페란토를 세계 보조 언어로 사용하는 게 무슨 도움이 되지?

안톤은 에스페란토를 불필요한 언어라고 하지만 리사는 국제적 의사소통을 위해 필요하다고 반박한다. 이에 안톤은 리사의 주장에 응수하지 않고 클링온어의 문법이 까다롭다고 지적하며 주제와 아무런 관련이 없는 훈제 청어를 끌어들인다. 리사는 잘못된 방향으로 유도될 수 있었지만 단순한 문법은 에스페란토의 장점이라고 반박한다. 이에 안톤은 한 걸음 더 나간 훈제 청어로 대답한다. 얼마나 많은 언어가 매주 사라지는지를 지적한다. 그렇게 해서 안톤은 리사를 다시 주제에서 멀어지게 한다.

51.
훈제 청어

52
가상 인과관계

전제: 사건 A는 사건 B와 거의 같은 시기에 일어났다.

결론: 그러므로 B는 A의 원인임이 틀림없다.

라틴어로 쿰 호크 에르고 프로프테르 호크cum hoc ergo propter
hoc(함께 있으므로 그것이 원인이다)라고 하며 거의 동시에 나타난
한 사건이 다른 사건의 원인이라는 가정에 근거한 오류다.
이때 두 사건의 인과관계는 한 번도 제시되지 않는다. 즉 가
상 인과관계일 뿐이다. 실제로 한 사건이 다른 사건을 일으
키지 않았기 때문이다. 다음의 예가 이를 명확하게 보여준
다. "내가 사다리에서 떨어졌을 때 검은 고양이가 지나갔다.
검은 고양이가 이 불행의 원인이다." 이 예가 잘못된 추론임
을 대부분이 분명히 안다. 하지만 안타깝게도 이런 식으로
추론하는 일이 드물지 않다. 일부 국가에서는 여전히 이와

같은 추론으로 많은 사람이 마녀사냥당하고 있다. 남자가 무기력해졌다고? 전부터 이상한 짓을 해온 이웃 여자 탓이다. 가족에게 불행한 일들이 자주 일어난다고? 아이 중 하나가 악마에 사로잡혀서다. 이런 가상 인과관계는 가장 흔한 오류 중 하나다.

- 유로화가 도입된 이래 물가가 크게 상승했다. EU가 그 책임을 져야 한다.
- 1950년대에는 지금보다 훨씬 높은 법정 최고 세율이 부과되었다. 당시 실업률은 매우 낮았다. 그러므로 지금 필요한 것은 더 높은 최고 세율이다.
- 앙겔라 메르켈 총리가 집권한 이래로 실업률이 하락했다. 메르켈이 실업률 하락을 이끈 것이다.
- 나치는 반유대주의였다. 결과적으로 반유대주의는 나치의 발명품이었다.

가상 인과관계는 다음에 소개할 가상 상관관계와 매우 흡사하다. 차이는 전자는 동시에 일어난 두 사건에서 잘못된 추론을 끌어내는 반면 후자는 한 사건이 다른 사건에 뒤이어 나타난 데서 추론을 끌어낸다.

53
가상 상관관계

전제: A는 B와 상관관계가 있다.

결론: A와 B 사이에는 인과관계가 존재한다.

어떤 지역은 황새가 많을수록 출산율이 높아진다. 도대체 황새 개체 수와 출산율 사이에 어떤 연관이 있다는 것일까? 유감스럽게도 출산율을 높이기 위해 황새 개체 수를 늘리려는 정치인들은 다음 결과에 실망할 것이다. 상관관계가 있다고 해서 인과관계가 존재하는 것은 아니다. 일부 지역에서 황새 개체 수와 출산율이 둘 다 높은 이유는 농촌 지역이 황새에게 더 많은 생존 기회를 제공하고 대가족에는 더 많은 공간을 제공하기 때문이다.

한 나라에서는 자외선 차단제 소비가 증가할수록 피부암

발병률이 높아진다. 따라서 자외선 차단제는 피부암 위험
을 증가시킨다.

물론 오류다. 자외선 차단제를 많이 사용하는 나라에서
피부암 사례 또한 높다는 상황이 자외선 차단제가 피부암의
원인이 된다는 것을 의미하지 않는다. 자외선이 강할수록
피부암 발병률이 높아지기에 자외선 차단제 사용도 많아진
것이다. 자외선 차단제는 자외선으로부터 피부를 보호해주
기 때문이다.

가상 상관관계에서 끌어낼 수 있는 결론은 전적으로 그릇
될 수밖에 없다. 예를 들어 자폐증은 보통 백신을 맞아야 하
는 나이에 진단된다. 이 때문에 일부 부모는 자폐증이 백신
때문이라고 믿고 아이들에게 백신 접종을 하지 않는다. 그
결과 쉽게 피할 수 있는 질병에 걸린다. 백신과 자폐증 사이
의 실제 연관성은 아직도 과학적으로 증명되지 않았다.

반복해서 확증하기

전제 1: 계속해서 반복되는 주장은 참이다.

전제 2: A라는 주장은 계속해서 반복된다.

결론: A는 참이다.

주장을 지겹도록^{ad nauseam} 반복하면 결국 가끔 몇 사람은 믿게 된다. 그래서 전체주의 정치 체제에서 민중을 국가의 의도에 맞게 움직이는 데 이를 이용한다. 1937년 요제프 괴벨이 생각했듯이 정치 선전^{propaganda}의 본질은 단순함과 끊임없는 반복에 있다. 역사가 가르쳐주듯 이런 시도는 완전히 실패하지는 않았다.

우리는 끊임없이 외쳐대는 단순한 슬로건을 데모에서도 들을 수 있다. 이는 무엇보다도 급진적 정치 단체에서 중시된다. 그리고 정당은 슬로건으로 주장하는 바를 드러낸다.

예를 들어 노동자들에게 새로운 부담을 안겨준 데 책임을 느낀 정당은 "노동은 보상되어야만 한다"라고 선언한다. 선거 슬로건을 많이 듣고 읽으면 비록 현실은 달라도 사람들은 이를 믿게 된다는 것이 정치적 전략이다.

　광고업계는 한 걸음 더 나아가 슬로건에 쉽고 중독성 있는 멜로디를 입힌다. 이러한 광고 슬로건은 오랫동안 기억에 남는데, 수십 년 전 들었던 소위 CM송을 아직도 기억하는 경우가 있을 것이다. 슬로건으로 제시된 주장은 참일 수도 거짓일 수도 있다. 오류는 그 이면에 어떤 진실이 있는지 확인하지 않은 채 그대로 받아들이는 데 있다.

55
도박사(몬테카를로)의 오류

**전제 1: 임의의 사건이 점점 더 오랫동안 발생하지 않을수록 그 사건
이 발생할 확률은 높아진다.**

전제 2: 사건 A는 오랫동안 발생하지 않았다.

결론: 사건 A는 틀림없이 곧 일어날 것이다.

이 오류는 무엇보다도 도박판에서 볼 수 있다. 무작위 사건
의 확률에 대한 이해 부족으로 발생하는 오류다. 오랫동안
발생하지 않은 임의의 사건이 이미 빈번히 발생한 사건보다
앞으로 발생할 확률이 더 크다고 가정한다.

룰렛에서는 공이 빨간색 숫자에 올 확률은 50퍼센트다
(0을 무시하면 48.6486486퍼센트다). 검은색도 마찬가지다. 이미
계속해서 다섯 번 빨간색으로 떨어졌다면 도박사들은 여섯
번째는 빨간색으로 떨어질 확률이 검은색으로 떨어질 확률

보다 낮다고 가정한다. 하지만 이전의 사건은 다음에 공이 떨어질 위치에 영향을 미치지 않으므로 실제 두 색 각각의 확률은 여전히 50퍼센트다.

"하지만 한 색으로 여섯 번씩이나 계속해서 공이 떨어질 확률은 매우 낮지 않을까?"라고 물을 수 있다. 사실 그 확률은 1.5625퍼센트(0은 무시)로 매우 낮다. 공이 빨간색에 다섯 번, 검은색에 다섯 번 떨어질 확률도 마찬가지로 1.5625퍼센트로 낮다. 빨간색과 검은색에 번갈아 떨어질 확률도 마찬가지로 1.5625퍼센트다.

주사위 놀이나 로또도 룰렛과 마찬가지다. 로또를 하는 사람들은 앞서 뽑힌 숫자를 선택하지 않는다. 해당 숫자가 다시 뽑힐 확률이 떨어진다고 믿기 때문이다. 이 역시 오류다. 숫자 조합의 확률은 변함없기 때문이다.

56
허수아비 논증

A가 X를 주장한다.

B는 A가 Y를 주장했다고 가정해본다.

B는 주장 Y를 반박한다.

위에서처럼 허수아비 논증에서는 상대방이 하지 않은 주장을 반박한다. '허수아비'라는 용어는 실제 싸움에서 상대방보다 허수아비를 더 쉽게 이길 수 있다는 데서 비롯된 것 같다. 같은 방식으로 가정한 상대방의 주장은 실제 주장보다 더 쉽게 반박할 수 있다. 허수아비는 공개 토론에서 상대방을 조롱하거나 상대방이 결코 하지 않은 의견을 암시하기 위한 임의적인 수사학적 수단이다. 열세에 몰린 입장에서 방향을 돌리는 데 유용할 수 있다.

"진화론자들은 우리가 유인원의 후손이라고 주장합니다. 언젠가 아주 오래전에 한 원숭이가 인간 아이를 낳았다는 말이죠."

"진화론은 한 종은 다른 종에서 진화했다고 주장합니다. 오리 알에서 부화하는 악어를 상상할 수 있나요?"

이런 종류의 진술은 진화론을 풍자한 것일 뿐이다. 어떤 진화론자도 원숭이가 인간 아이를 낳았다거나 악어가 오리 알에서 부화했다고 주장한 적이 없다. 사실 창조론자들이 진화론의 실제 주장을 반박하기 어렵다.

마르틴: 나는 획일주의에 반대하기 때문에 EU에 반대합니다. 유럽에는 정말 많은 다양한 문화들이 존재합니다. 이런 상황에서 통일 정부를 만들 수 없습니다.

여기서 허수아비는 획일주의다. 마르틴은 유럽 통일의 의도가 아닌 어떤 것을 반대하고 있다. 마르틴이 진정 획일주의에 반대한다면 이전에 만들어졌던 가장 획일적인 민족국가에 반대하는 주장을 해야 한다.

57

골대 옮기기

A는 자신의 주장을 뒷받침하기 위해 X를 주장한다.

A는 X를 반박당한 뒤 Y를 주장한다.

A는 Y를 반박당한 뒤 Z를 주장한다.

골대 옮기기는 토론 상대에게 반박당한 뒤 자신의 원래 논의를 변경하거나 새로운 주장을 펴서 상대의 논의를 무력화하려는 목적이 달성되지 않을 때 발생한다. 토론 상대가 반대 의견을 받아들이는 조건을 계속해서 더 어렵게 만들 때 '기준선 높이기'라고 한다. 골대 옮기기 혹은 기준선 높이기는 음모론과 사이비 과학에서 자주 볼 수 있다. 자신의 오류를 증명하려는 시도를 불가능하게 하려는 것이다.

마르틴이 "부엌에 작은 도마뱀이 있어"라고 한다.

이에 에밀이 "나도 방금 부엌에 있었는데 아무것도 못 봤어"라고 한다.

마르틴은 "그 도마뱀은 볼 수 없어"라고 말하며 골대를 옮긴다.

그러자 에밀은 "그렇다면 바닥에 밀가루를 뿌리면 도마뱀 발자국을 볼 수 있을 거야"라고 말한다.

마르틴은 부엌에 도마뱀이 있다는 주장이 반박당하는 것을 피하려고 "하지만 도마뱀은 공중에 떠 있지"라며 새로운 골대를 만든다.

이제 에밀은 부엌에 그물망을 쳐서 공중에 떠 있는 도마뱀을 잡자고 제안한다. 그러면 또 마르틴은 도마뱀은 사물을 통과하기 때문에 그물망으로 잡을 수 없다고 답할 것이다. 결국 에밀은 마르틴의 주장에 속수무책이 된다.

안티 백서들은 백신에 방부제로 들어가는 티오메르살Thiomersal이 어린이 자폐증의 원인이라고 주장한다. 하지만 의학적 연구로 증명된 바는 없다. 그런데도 20세기 초반 이후 많은 국가에서 어린이용 백신에 티오메르살을 사용하지 않았다. 그러나 자폐증 진단 사례는 여전히 증가했고 안티 백서들은 생각을 바꾸지 않았다. 그들은 결국 새로운 주장을 한다. 즉 백신에 다른 성분이 있거나 백신 접종 횟수에 문제가 있다고 한다.

보통 주장에 반박하는 것보다 주장하기가 더 쉽다. 성공적인 반박에 새로운 주장으로 답할 수 있다. 이런 게 바로 음모론이 살아남는 방법이다.

58

피장파장

전제 1: 자신의 원칙에 충실하지 않으면 믿을 수 없다.

전제 2: A는 말과 행동이 다르다.

결론: 그러므로 A를 믿을 수 없다.

피장파장(너 역시tu quoque)은 개인의 모순이나 위선에 호소하는 논증이다. 특히 목소리 큰 도덕군자나 말과 행동이 다른 공인이 사죄하면 일종의 만족감을 느낄 때가 간혹 있다. 가령 가족의 전통적 가치를 공공연하게 부르짖던 한 정치 평론가가 결혼을 네 번 했거나 비아그라를 가방에 넣고 섹스 관광으로 유명한 나라에 다녀오다 적발되면 우리는 내심 기뻐하기도 한다. 특히 보수적 가치의 수호자임을 자처하는 사람들이 부도덕한 생활 방식을 선호하는 것처럼 보인다. 하지만 자신의 외침에 부합하지 않는다는 비난은 보수 성향의 대표자들뿐만 아니라 사회적 평등을 위해 투쟁하면서도 호사를 누리며 살아가는 사회주의 정치가나 자율성을 주장하지만 국가로부터 높은 연봉을 받는 자유주의 후보, 환경보호를 외치지만 대중교통이 아닌 자가용 차나 비행기를 몰고 다니며 대기 오염을 부추기는 녹색당 국회의원도 마찬가지다.

토론에서 흔히 듣는 말이 있다. "당신은 당신이 말한 것을 지키세요!" 가톨릭 도덕주의자이지만 이혼 후 재혼한 정치인은 분명 모범이 되려고 노력하는 사람보다 설득력이 떨어질 것이다.

피장파장 논증은 토론 주제가 전적으로 개인의 취향에 관한 것이라면 무방하다. 하지만 객관적 사태가 중시된다면 오류가 된다. 이 경우 주장은 이를 주장하는 이의 행동이나 처지와 일치하지 않는다고 해서 거짓이 되지 않는다. 기후변화를 막기 위해 탄소 배출량을 줄여야 한다고 주장하는 사람이 정작 자신은 대형 자동차를 몰고 다니며 이산화탄소를 대기 중에 내보낸다고 해서, 탄소 배출 감소를 위한 주장 자체가 무의미해지지는 않는다는 뜻이다. 그의 주장은 비만에 흡연까지 하는 의사가 환자에게 체중 관리와 금연을 처방하는 것과 마찬가지로 옳은 것이다.

입증 책임 전가

전제 1: X는 수많은 선택 중 하나다.

전제 2: X는 일반적 합의에서 벗어난다.

결론: X는 옳다. 그 반대를 증명하라.

일반적으로 주장을 제기하는 사람에게는 근거를 대거나 증명해야 할 책임이 있다. 이는 주장이 반박당할 때 필요한 정당성을 제시해야 한다는 뜻이다. "이웃이 우리 정원에 있는 사과나무에서 사과를 훔쳤다"라는 주장만으로는 부족하다. 누군가의 죄를 고발하려는 사람은 법률적 증거를 제시해야만 한다. 그렇지 못하면 상대방은 무죄가 된다. 이는 임의적 규칙이 아니라 법적 심문에 답하기 위한 필연적 전제다. 그는 이웃에게 사과를 훔치지 않았음을 증명하라는 부담을 줄 수 있다. 이웃은 자신에게 사과가 없다고 말하는 것으로는 충분치 않을 것이다. 사과를 먹어 없앨 수 있기 때문이다. 그렇다면 지난 며칠간 이웃의 행적이 의심을 깔끔하게 없애줄까? 이는 매우 어려운 일이다.

주장을 뒷받침하는 증거가 있다면 입증 책임이 실제로 바뀔 수 있다. 예를 들어 사과나무 주인이 "이웃이 우리 사과를 훔쳤습니다. 내가 그를 보았고, 우리 집에서 그 집 정원까지 이어지는 길이 있어요"라고 주장할 수 있다. 이제 이웃은 몇 가지 질문에 답해야 할 의무가 있다. 입증 책임의 원칙은 이런 일상적 상황에도 적용된다.

프레드: 우리는 순금에 투자해야 합니다.
마르타: 왜 그렇게 생각하세요?

프레드는 주장을 제기했으니 이제 이를 증명해야만 한다. 하지만 프레드가 "왜 안 되는지 말해줄래요?"라고 입증 책임을 전가하면 마르타를 제대로 이해시킬 수 없을 것이다. 마찬가지로 마르타도 근거 없이 주식 혹은 정기 예금에 투자할 것을 제안할 수 있다. 프레드와 마르타는 합리적 결정에 도달하지 못한 채 서로 제안만 퍼부을 수 있다.

일상에서 흔히 볼 수 있지만 그렇다고 입증 책임의 원칙이 항상 적용되는 것은 아니다. 이데올로기나 사이비 과학, 종교, 신비주의 문제에서 특히 그렇다.

마르쿠스: 어제 도심 상공에서 빛난 것은 틀림없이 UFO
였을 거야.

마르티나: 어떻게 그걸 알지?

마르쿠스: 아무도 내 생각이 틀렸다는 걸 증명할 수 없는
한 나는 그걸 믿어.

신 존재를 논할 때 다음과 같은 말을 종종 듣게 된다. "당
신은 신의 부재를 증명할 수 없다." 확실히 옳은 말이다. 하
지만 신앙인도 신의 존재를 증명할 수 없는 한 날아다니는
스파게티 괴물이나 다른 고차원의 존재를 믿는다는 사람보
다 더 나은 입장에 있는 것은 아니다.

특별한 주장

"특별한 주장에는 특별한 증거가 필요하다." 칼 세이건
(1934~1996)이 말해 더 유명해진 격언이다. 일명 세이건 기
준Sagan Standard이라고도 한다. 비슷한 말을 사회학자 마르셀
로 트루지Marcello Truzzi도 했다. 이들보다 앞서 천문학자이자
수학자인 피에르 라플라스(1749~1827)는 "특별한 주장에 대
한 증명 부담은 그 기이성에 비례해야 한다"라고 말했다. 세
이건 기준의 의미는 다음 진술들에서 명확해진다.

카를라: 오늘 슈퍼마켓에 가서 딸기를 샀다.

그 누구도 카를라에게 증거를 요구하지 않을 것이다. 슈퍼마켓에 가는 것은 특별한 일이 아니다. 이 말을 의심할 명백한 이유가 없는 한 대체로 받아들여질 것이다. 그런데 만약 당시 딸기를 구할 수 없었다는 것을 아는 누군가가 있다면 딸기의 출처를 물으며 카를라의 말을 의심할 수 있다. 물론 슈퍼마켓에 갔다고 카를라가 말을 지어냈을 수 있지만 거짓말의 결과는 매우 사소한 것일 테다.

만약 카를라가 "어제 나는 UFO에 납치당했었어"라고 하면 상황은 달라진다. 카를라의 말을 들은 사람이라면 모두 더 많이 알고 싶어 질문들을 즉시 쏟아낼 것이다. "꿈은 아닐까? 왜 다른 사람은 UFO를 보지 못했지? 혹시 UFO에서 가져온 건 없니? UFO는 어떻게 생겼어? 외계인은 어떻게 생겼니?" 사람들은 UFO에 관한 설명을 슈퍼마켓에 갔다는 말 정도로 받아들이지 않을 것이다.

특별한 주장을 특별한 증거 없이 받아들이는 것은 실수다. 유감스럽게도 UFO나 물의 기억력, 신의 계시, 치유의 기적 등을 아무런 의심 없이 받아들이는 일이 너무 많다.

왜곡된 선택

전제 1: A는 B의 부분집합이다.

전제 2: A는 주장 X를 뒷받침한다.

결론: 그러므로 B는 주장 X를 뒷받침한다.

일반화와 달리 여기서는 전체적 결론을 추론할 수 있게끔 개인과 상황을 선택한다. 하지만 이 선택은 이미 결론에 영향을 미칠 목적으로 기획되므로 이를 '확증 편향'이라고도 한다.

국민 전체와 같이 많은 대상에 관해 알고 싶을 때 각각의 사람들에게 설문 조사를 하면 비용이 많이 들어 일반적으로 무작위로 표본을 추출한다. 무작위로 추출된 표본은 모집단에 대한 귀납적 추론을 가능하게 하는 것이라야 한다. 주로 소득 상위 계층에서 나이든 남자 등에게 의견을 물어 국민 전체의 의견으로 삼는 것은 의미가 없을 것이다. 통계에서 이는 일종의 왜곡이거나 왜곡된 표본일 것이다. 하지만 선택은 항상 중립적이지 않다. 특히 주장을 뒷받침하는 데 이를 사용할 수 있다. 예를 들어 남성이 축구나 빠른 자동차, 특정 여성에 열광한다는 것을 확인하고 싶다면 남성 잡지 독자들에게 설문 조사를 하면 된다.

뉴스의 메시지를 뒷받침하기 위해 대중 매체에서 편향된 선택을 종종 한다.

이탈리아에 공산당이 존재했을 때 볼로냐에서 열린 이탈리아 공산당 전당 대회에 관한 뉴스가 텔레비전에서 나왔다. 뉴스는 볼로냐가 이탈리아에서 가장 공산주의적인 도시라고 했다. 그 증거로 행인 두세 명과 한 인터뷰가 제시되었다. 아마 두세 명과 한 인터뷰로 30만 명이 넘는 볼로냐 주민의 정치적 성향을 추론할 수 없을 것이다. 제대로 하려면 설문 조사나 선거 결과를 근거로 제시했어야 했다.

확증 편향은 특히 확고한 신념과 믿음 그리고 감정이 실린 주제에서 두드러지게 나타난다. 정보는 이를테면 뉴스 출처를 선택할 때와 같이 특정 기준에 따라 의도적으로 선택되는 경우가 많다. 정치적 반대자들의 관점에서 뉴스와 논평을 읽고 싶은 사람이 몇이나 될까? 특히 그들을 편향되고 합리적으로 생각할 능력이 없다고 무시하는 경우에 그렇다. 우리의 기억도 선택적이다. 관계 파탄의 책임을 묻는다면 상대방이 했던 모든 부정적인 말과 행동만 기억할 것이다. 이러한 기억은 관계 파탄에 자신은 책임이 없다는 확신을 강화해준다.

확증 편향은 유로화 도입과 함께 대중적 현상으로 나타났다. 이미 많은 사람은 소매업체가 가격 인상을 위해 통화 변환을 이용할 것이라고 확신하고 있었다. 하지만 크게 보면 가격 인상은 인플레이션 비율을 감소시킬 것이라고 했다. 의심에 대한 증거를 원하면 굳이 통계치를 들먹일 필요가 없다. 비싸진 요구르트 가격이나 맥줏값처럼 실질적 가격 상승을 지적할 수 있으니까 말이다.

편견은 또한 선별적으로 정보를 선택하는 형식으로 강화될 수 있다. "나는 미국에서처럼 그렇게 안 좋은 피자를 먹어본 적이 없습니다. 미국에서는 제대로 된 음식을 먹을 수 없다는 게 다시 한번 증명된 거예요." 원한다면 반대로 확증 편향을 이용해 모든 것이 다른 곳에서 훨씬 낫다고 주장하는 근거를 찾을 수 있다.

　－이웃집 정원의 잔디가 더 푸르러요. 한마디로 그 집이
　　모든 면에서 훨씬 낫죠.
　－옛날이 좋았어요. 범죄도 이혼도 거의 없었습니다. 젊은

이들은 노인을 공경했죠.

－뉴질랜드에서의 생활은 여기보다 훨씬 좋습니다. 물가
도 싸고 경치도 아름답습니다.

네 가지 개념어

전제 1: 모든 A(X라는 의미에서)**는 B다.**

전제 2: C는 A(Y라는 의미에서)**다.**

결론: 그러므로 C는 B다.

범주적 삼단논법에는 보통 세 가지 개념어가 등장한다. 전제에 네 번째 개념어가 포함되면 잘못된 결론으로 이어진다.

- 올바른 삼단논법의 예
  발굽이 있는 동물은 모두 네발이다.
  말은 발굽이 있다.
  그러므로 말은 네발이다.

세 개념어 '발굽이 있는 동물', '네발', '말'이다. 여기서 두 번째 전제의 '발굽이 있는'이라는 표현은 발굽을 가진 동물이 중요함을 의미한다. 결론은 논리적으로 타당하다.

- 네 가지 개념어의 예

  청년의 의기는 열이다.

  열은 물체를 팽창시킨다.

  그러므로 청년의 의기는 물체를 팽창시킨다(이해를 돕기 위해 박종홍, 《일반논리학》, 박영사, 1990에서 예를 가져왔다 - 옮긴이).

여기서는 네 가지 개념어, 즉 '청년의 의기', '열'(격분의 의미에서), '물체 팽창', '열'(온도가 올라간다는 의미에서)이 등장한다. 청년의 의기는 뜨거울 것이다. 하지만 물체의 온도가 높다는 '뜨거움'과는 의미가 다르다. 따라서 귀결은 그릇된 것이다.

- 올바른 삼단논법의 예

  달콤한 것은 이를 상하게 한다.

  초콜릿은 달콤하다.

  그러므로 초콜릿은 이를 상하게 한다.

여기서 두 전제에는 세 개념어만 등장한다. 즉 '달콤한', '이', '초콜릿'이다. 따라서 결론은 논리적으로 타당하다.

네 가지 개념어 오류는 한 개념어가 이중적 의미로 사용되어 애매어(다의어) 오류와 비슷하다. 이 경우 '매개념의 다의성'이라고도 한다. 하지만 네 가지 개념어 오류는 다른 형태를 취할 수 있으며 심지어 더 많은 개념어를 포함할 수 있다.

62
성급한 일반화

전제 1: 집합 A는 X라는 속성을 갖는다.

전제 2: 집합 A는 집합 B의 부분집합이다.

결론: 집합 B의 모든 요소는 X라는 속성을 갖는다.

개별적인 것에서 전체를 추론하는 것은 구성 오류와 비슷하다. 다만 차이점은 전체가 집합의 모든 요소에 있는 속성이 아니라 개별 요소에서 추론된다는 것이다.

이 오류가 발생하는 이유는 특정 목적을 위해 쉽게 오용할 수 있기 때문이다. 대신 그만큼 상대방의 반박도 매우 빠르게 이뤄진다.

개별적인 것에서 전체로의 무해한 추론은 아마 다음과 같은 정도일 것이다. "어제 나는 흰 개를 보았다. 이는 개들은 모두 흰색임을 의미한다."

당연히 우리는 한 마리 개가 흰색이라고 모든 개가 흰색 일 수 없다고 즉시 알아차린다. 문제는 이 오류가 편견을 확 인하는 데 사용될 때다. "기차역에서 뚱뚱한 미국인을 보았 다. 미국인이 얼마나 뚱뚱한지 다시 한번 알게 되었다." 미국 에서 유럽인에게 내숭 떠는 것으로 보이는 어떤 규정이 만 들어지면 이는 미국식 시침 떼기나 '경건주의'의 증거로 여 겨진다(청교도가 누구인지 실제로 아는 유럽인은 거의 없다).

더 나쁜 것은 개별적인 것에서 전체로의 추론이 반유대주 의와 인종차별, 성차별적 목적에 사용될 때다. 여성들은 주 차할 때 운이 없으면 이런 소리를 듣는다. "여자들은 확실히 주차를 못 해." 유대인 편집자라면 이런 말을 듣는다. "유대 인이 미디어 분야 곳곳에서 너무 큰 영향력을 행사하고 있 군." 절도로 체포된 집시는 이런 말을 듣기 십상이다. "집시 들은 못에 박힌 거 빼고 다 훔친다."

마지막으로 개별적인 것에서 전체로의 추론은 실패를 감 추기 위해서도 사용된다. 은행의 투자 컨설턴트는 매우 걱 정스러운 표정으로 잔액이 줄고 있다고 말하는 고객에게 "저희는 이 포트폴리오를 가지고 잘 구성했습니다"라고 말 한다. 또 "펀드 X는 매우 잘 진행되고 있습니다"라고 한다. 그러면서 다른 펀드들에 대해서는 침묵한다.

63
희망적 사고

전제 1: 어떤 것이 참이길 원한다면 그것은 참이다.

전제 2: 나는 A가 참이길 원한다.

결론: A는 참이다.

프랜시스 콜린스는 인간의 유전자 해독을 목표로 하는 '인간 게놈 프로젝트'를 이끌면서 세계적 명성을 얻었다. 2009년에는 오바마 대통령으로부터 미국 국립보건원 원장으로 임명되었다. 그 밖에 특별한 점은 자연 과학자로서 소위 무신론자로 알려져 있던 콜린스가 개신교 신앙을 받아들였다는 것이다.

2006년 콜린스는 뉴스쇼 〈콜베어 리포트〉에 게스트로 초대받았다. 진행자 스티븐 콜베어는 콜린스에게 성서의 창조론이 과학과 어떻게 일치할 수 있냐고 물었다.

콜린스는 이렇게 답했다. "성서의 어떤 부분은 문자 그대로 해석되어서는 안 된다고 생각합니다."

진행자 콜베어는 다시 물었다. "하나님은 당신처럼 모두를 사랑하고 용서하죠. 어떻습니까?"

콜린스의 답은 다음과 같았다. "저는 그게 사실이길 희망합니다."[29]

그 누구도 보수적인 영국 저널리스트 피터 히친스Peter Hitchens보다 더 명확하게 믿음을 정당화하기 위해 소망을 말한 사람은 없었다. 옥스퍼드 유니언 소사이어티Oxford Union Society가 개최한 토론에서 히친스는 신이 존재하는지는 아무도 모르지만 신앙은 선택의 문제라고 말했다. "여기서 우리가 토론하고 있는 것은 바로 신이 있길 원하느냐 원하지 않느냐 하는 문제입니다." 세상에는 정의가 있고 사후에도 삶이 있어 신이 존재하기를 원한다고 하며 히친스는 다음과 같이 덧붙였다. "수년 뒤 저는 신이 존재함을 선택했고 신이 있는 것처럼 행동했습니다."[30] 히친스가 믿기로 한 신은 영국 성공회의 한 변종이라는 사실도 덧붙여야겠다.

희망적 사고에 따른 주장이 이렇게 공공연하게 제기되는 일은 드물다. 프랜시스 콜린스와 피터 히친스와 같은 유명인이 아니라면 바로 조롱당했을 법한 발언이다. 오히려 이런 오류는 긍정적 사고의 암묵적인 가정과 신앙의 형태로 나타난다.

저널리스트 바버라 에런라이크Barbara Ehrenreich는 인터뷰와 책에서 무언가를 믿기만 하면 실현된다는 확신이 기업 경영과 정치에 편재해 있어 치명적 결과를 초래하는 잘못된 결정으로 이어지곤 한다고 지적했다. 회의적 이의 제기는 금기시된다.[31]

희망적 사고는 종교와 밀교의 영역에 널리 퍼져 있다. 사이비들이 제시하는 지침이나 말을 믿고 싶어 하는 사람들이 있기에 사이비 사업들은 계속되는 것이다.

누군가에게는 진부하게 들릴지라도 누군가는 그것이 사실이길 원하기 때문에 반드시 사실이 아니라는 게 자명하지 않기도 한다.

순환 논리

전제 1: A로부터 B가 도출된다.

전제 2: B로부터 A가 도출된다.

결론: A와 B는 참이다.

순환 논리는 전제의 옳음을 뒷받침하기 위해 결론을 가져다 댄다. 달리 말하면 "전제 중 믿을 만한 하나의 전제만 있다면 (논증을 인정하지 않더라도) 결론을 확신할 때 그 논증은 순환적이라고 말한다."[32]

어느 날 친근한 모습의 남자와 여자가 에밀의 집 문 앞에 서 있었다. 그들은 여호와의 증인임을 알 수 있었다. 성경에 관해 이야기하려 했다.

"성경은 하나님의 말씀입니다"라고 그들이 말했다.

"어떻게 그걸 압니까?"라고 에밀이 물었다.

그 둘은 한목소리로 "성경에 쓰여 있습니다"라고 말했다.

같은 방식으로 다른 종교들도 그들의 성스러운 책들이 신의 말씀이라고 '증명'할 수 있다.

"어떻게 코란이 신의 영감을 받은 것임을 알 수 있습니까?"

"코란에 쓰여 있습니다."

"모르몬경이 과거 미국 문명의 기록으로 이루어진 것임을 어떻게 압니까?"

"모르몬경에 그렇게 쓰여 있습니다."

한 기독교인은 네 개의 복음서뿐만 아니라 외경 복음서도 많다는 주장에 다음과 같이 말한다. "네, 맞습니다. 하지만 우리가 가진 3000년 전에 만들어진 필사본의 90퍼센트는 오늘날 신약에 있는 네 개의 복음서에서 나온 것입니다. 이는 네 개 복음서가 초기 기독교에서 단연코 가장 중요한 것이었음을 의미합니다. 따라서 이 네 개의 복음서만 정경으로 삼는 것은 적절했습니다."

오늘날 외경 복음서 사본은 거의 남아 있지 않다. 이는 승리한 기독교 분파가 외경을 정경으로 받아들이지 않았기 때문이다. 가톨릭의 공식 저작물인 정경 복음서는 필사했지만, 경쟁 교파의 저작물은 패배했기에 필사할 일이 거의 없었고 이단의 문서라 생각해 숨기거나 파기했다.

기독교뿐 아니라 이슬람 옹호자도 자신의 신앙이 더 낫다는 것을 보여주기 위해 종교의 긍정적 특성들을 열거한다. 기독교 편에서는 기독교 구원자가 이슬람 예언자보다 우월함을 보여주기 위해 평화와 원수에 대한 사랑, 예수의 기적 등을 나열한다. 이슬람 편에서는 여성과 아이들에 대한 무함마드의 태도, 인종차별과 노예 제도에 대한 거부 주장 등을 나열한다. 그러나 양쪽 주장은 순환 논리의 오류에 빠져 있다. 선정된 특성들이 자신의 우월성을 판단하는 척도로도 사용되기 때문이다.

순환 논리는 거부 혹은 옹호를 정당화하기 위해 토론에서도 종종 사용된다. "우리는 유전 공학이 어떤 영향을 끼칠지 거의 모르고 있습니다. 그래서 유전 공학은 사람들로부터 지지를 받지 못하는 거죠. 그러므로 우리는 이 분야에서 더는 연구 자금을 지원해서는 안 됩니다."

주

1   Lewis Carroll. "Through the Looking-Glass," *The Annotated Alice*, Seite 222~
    225. 루이스 캐럴, 마틴 가드너 주석, 《이상한 나라의 앨리스 거울 나라의 앨리스》,
    최인자 옮김, 북폴리오, 2005, 318~320쪽 참조─옮긴이.

2   Scribner Sylvia. "Modes of thinking and ways of speaking: Culture and logic
    reconsidered," P. N. Johnson-Laird & P. C. Wason (Hrsg.). *Thinking: Readings
    in Cognitive Science*, Seite 99 참조.

3   RationalWiki(http://rationalwiki.org/wiki/Logical_fallacy) 참조.

4   비잔틴 시대에 정리된 논리학에 대한 아리스토텔레스 저작 모음은 다음에서 확인
    할 수 있다. http://www.zeno.org/Philosophie/M/Aristoteles/Organon

5   *Über die sophistischen Widerlegungen,* 1. Kapitel.

6   *Über die sophistischen Widerlegungen,* 4. Kapitel.

7   *Über die sophistischen Widerlegungen,* 5. Kapitel.

8   Intelligence Squared. "Maggie Thatcher Saved Britain," 2004.11.2, Royal
    Geographical Society(http://www.intelligencesquared.com/events/maggie-thatcher-
    saved-britain/).

9   Deborah J. Bennett. *Logic Made Easy*, S. 137.

10 https://vridar.wordpress.com/2012/04/19/reviewehrmans-did-jesus-exist-
    apologetics-lite-by-ken-humphreys/. 신화적 예수 이론Christ myth theory은 예수는
    역사적 인물이라는 데서 출발한다.

11 Thomas Henry Huxley. "Letter to Dr. Dyster(9 Sep 1860)," *Huxley Papers*.
    Imperial College of Science and Technology. D. J. Foskett. 'Wilberforce and
    Huxley on Evolution' 인용. Brief an *Nature* 1953, 172, 920. http://todayinsci.

com/H/Huxley_Thomas/HuxleyThomas-Quotations.htm 참조

12 인터넷 기업의 부실을 계기로 파산 관리자가 한 설명이다.

13 "Home or abroad? Herd instinct," *The Economist* 19. Januar 2013. Special Report "Outsourcing and Offshoring," Seite 9 참조

14 오늘날에도 에릭 호퍼가 처음 발표한《맹신자들》은 대중 운동의 심리를 규명한 주요 저작으로 인정받고 있다.

15 팟캐스트 'The Bible Geek Show'에서 한 말이다.

16 Sam Harris. *The Moral Landscape*, Seite 43 f. 참조

17 David Hackett Fischer. *Historians' Fallacies*, Seite 252 참조

18 마태복음 12장 30절.

19 Rupert Lay. *Marxismus für Manager*, Seite 419.

20 Antony Flew. *Thinking About Thinking*, Seite 47 참조

21 Carl Sagan. *Broca's Brain*, Seite 64.

22 Voltaire. *Dictionnaire philosophique*, Stichwort "Athéisme" 참조

23 William Lobdell. *Losing My Religion*, Seite 156.

24 Truthdig-Debate. "Religion, Politics and the End of the World," 17. Juni 2007.

25 O'Reilly Factor vom 09.10.2009.

26 TV-Dokumentation. "Root of All Evil?," 2006.

27 Matt Ridley. *The Origins of Virtue*, Seite 257 참조

28 http://aynrandlexicon.com/lexicon/zero,_reification_of.html 참조

29 *The Colbert Report* vom 7. Dezember 2006 참조

30 Oxford Union Society. "The God Debate," am 8. November 2012. 토론회 영상은 유튜브에서 확인할 수 있다.

31 B. Barbara Ehrenreich. *Smile or Die. Wie die Ideologie des positiven Denkens die Welt verdummt* 참조

32 Torsten Wilholt. *Logik II* (Argumentationstheorie), Seite 41 (Punkt 88).

참고문헌

Deborah J. Bennett. *Logic Made Easy*. New York: W.W. Norton& Co., 2004

Lewis Carroll, Martin Gardner(Einleitung und Anmerkungen). *The Annotated Alice*. The Definitive Edition. New York: W.W. Norton& Co., 2000

David Hackett Fischer. *Historians' Fallacies: Toward a Logic of Historical Thought*. New York: HarperPerennial, 1970

Antony Flew. *Thinking About Thinking*. London: Fontana press, 1975

Sam Harris. *The Moral Landscape*. New York: Free Press, 2012

Rupert Lay. Marxismus für Manager. *München: Wirtschaftsverlag Langen-Müller*, 2. Auflage 1977

William Lobdell. *Losing My Religion*. New York: Collins, 2009

Matt Ridley. *The Origins of Virtue*. New York·London: Penguin Books, 1996

Carl Sagan. *Broca's Brain: Reflections on the Romance of Science*. New York: Random House, 1979

Voltaire. *Dictionnaire Philosophique*. Paris: Garnier-Flammarion, 1964

Torsten Wilholt. *Logik II*(Argumentationstheorie), Skript für das Sommersemester 2007 an der Universität Bielefeld

합리적 사고를 방해하는 64가지 오류

초판 1쇄	펴낸 날 2022년 8월 24일
초판 2쇄	펴낸 날 2022년 12월 16일

지은이	알베르트 뫼스메르
옮긴이	이원석
발행인	이원석
발행처	북캠퍼스

등 록	2010년 1월 18일(제313-2010-14호)
주 소	서울시 마포구 양화로 58 명지한강빌드웰 1208호
전화	070-8881-0037
팩스	02-322-0204
전자우편	kultur12@naver.com

편집	신상미
디자인	책은우주다
마케팅	임동건

ISBN	979-11-88571-16-1　03170